Grundlagen der Betriebswirtschaftslehre in 100 Minuten

Im Sprint mit Spaß zum Wesentlichen für alle

1. Auflage

Texte:	© Copyright: Marc Oliver Opresnik und Carsten Rennhak
Cover:	Malte Mumbeck
Verlag:	Opresnik Management Consulting
Serie:	Opresnik Management Guides, Buch 32
Druck:	Kindle Direct Publishing, ein Amazon-Unternehmen

ISBN-13 979-8531560674

Bibliografische Information der Deutschen Nationalbibliothek

Die Deutsche Nationalbibliothek verzeichnet diese Publikation in der Deutschen Nationalbibliografie; detaillierte bibliografische Daten sind im Internet über http://dnb.d-nb.de abrufbar

Betriebswirtschaftslehre in 100 Minuten

Im Sprint mit Spaß zum Wesentlichen für alle

1. Auflage

von

Prof. Dr. Marc Oliver Opresnik,
Technische Hochschule Lübeck,
Deutschland

und

Prof. Dr. Carsten Rennhak,
Universität der Bundeswehr München,
Deutschland

Vorwort zur 1. Auflage

Schon wieder ein Buch zum Thema Betriebswirtschaftslehre (BWL) werden Sie jetzt vielleicht denken? Es gibt doch schon so viele BWL-Bücher. Viele von ihnen sind jedoch entweder schwer zu verstehen oder zu langwierig und erschöpfend.

Dieses Büchlein ist anders, denn es behandelt das komplexe Thema BWL so, dass es so wenige Seiten wie möglich umfasst, um die wesentlichen Inhalte darzustellen und darüber hinaus so einfach gehalten ist, dass es wirklich alle Lesenden verstehen und es Freude bereitet, sich auf diese Weise das Grundwissen in diesem Fach anzueignen.

Zielgruppe

Dieses Buch richtet sich demnach an alle, die einen äußerst kompakten und schnellen Überblick über die Betriebswirtschaftslehre erhalten wollen, also Studierende jeglicher Studienrichtungen aber auch Fach- und Führungskräfte aus der Praxis und Selbständige, die nicht viel Zeit auf das Studium umfassender und schwer verständliche Bücher verwenden können oder wollen.

Lernergebnisse

Nach der Lektüre dieses Buches

- haben Sie ein grundlegendes Verständnis von BWL,
- kennen Sie die wichtigsten BWL-Instrumente und Funktionen und wissen, wie sie interagieren,
- sind Sie in der Lage die relevanten Fachtermini korrekt zu verwenden und
- haben Sie sich in die Business-Praxis eingedacht.

Besonderheit dieses Buches

Dieses Buch geht einen neuen Weg, indem es die Grundlagen der BWL für Alle einmalig kompakt und einfach erklärt aufbereitet. Alle Themen sind leicht verständlich beschrieben, so dass die Wissensaufnahme leicht und geradezu automatisch erfolgt.

Gliederung

Nach Darstellung der Grundlagen der BWL im ersten Kapitel stellt das Buch alle Entscheidungen und Funktionen eines Unternehmens systematisch und einfach erklärt dar:

- Entscheidung (Kapitel 2)
- Standortentscheidung (Kapitel 3)
- Rechtsformenentscheidung (Kapitel 4)
- Organisationsentscheidung (Kapitel 5)
- Beschaffung und Materialwirtschaft (Kapitel 6)
- Produktion (Kapitel 7)
- Marketing (Kapitel 8)
- Personalmanagement (Kapitel 9)
- Investition (Kapitel 10)
- Finanzierung (Kapitel 11)
- Rechnungswesen (Kapitel 12)

So, jetzt sind Sie endlich dran: Auf die Plätze, fertig, los.

Marc Oliver Opresnik

Technische Hochschule Lübeck

Carsten Rennhak

Universität der Bundeswehr München

Mai 2022

Inhaltsverzeichnis

1. Grundlagen der Betriebswirtschaftslehre: Das Unternehmen und sein Umfeld

1.1 Aufgaben, Funktion und Umfeld der Betriebe

1.1.1 Wie ein Unternehmen funktioniert

Im Mittelpunkt der Betriebswirtschaftslehre steht das **Unternehmen**. Man kann sich dabei der Einfachheit halber jedes Unternehmen als eine Art **Ansammlung von Tätigkeiten** vorstellen. Durch diese Tätigkeiten findet ein Produkt oder eine Dienstleistung den Weg vom Zulieferunternehmen der Ressourcen (wie z. B. Rohstoffe) bis zur Endkundschaft. Die Tätigkeiten beinhalten dabei die Beschaffung von Ressourcen, die eigentliche Produktion von Gütern und Dienstleistungen und abschließend ihren Absatz.

Diese sogenannten primären Funktionen eines Unternehmens liefern direkt einen wertschöpfenden Beitrag zu der Erstellung von Produkten und Dienstleistungen (Straub, 2020).

Jetzt werden Sie sich vielleicht fragen: Was ist mit den Menschen im Unternehmen, der Finanzierung von Gebäuden und Maschinen oder der Organisation von Abteilungen und Geschäftsbereichen? Auch diese Tätigkeiten sind natürlich notwendig bei der Herstellung eines Produkts und im Hinblick auf das Funktionieren der betrieblichen Abläufe! Da diese Tätigkeiten und Funktionen aber nur **einen indirekten Beitrag** zur Schaffung eines Produktes liefern werden sie als **unterstützende** bzw. **übergreifende Funktionen** oder **Querschnittsfunktionen** bezeichnet (Straub, 2020).

Grundsätzlich sind Unternehmen nach dem in Abbildung 1.1. dargestellten Schema aufgebaut. Die Abbildung zeigt Ihnen dabei nicht nur die allgemeine Struktur und den Aufbau eines Unternehmens, sondern auch die oben genannten primären und übergreifenden Funktionen.

In den nachstehenden Abschnitten und Kapiteln werden alle Funktionen und Aufgaben näher behandelt und im Zusammenhang erläutert.

Abbildung 1.1: Das Haus des Unternehmens

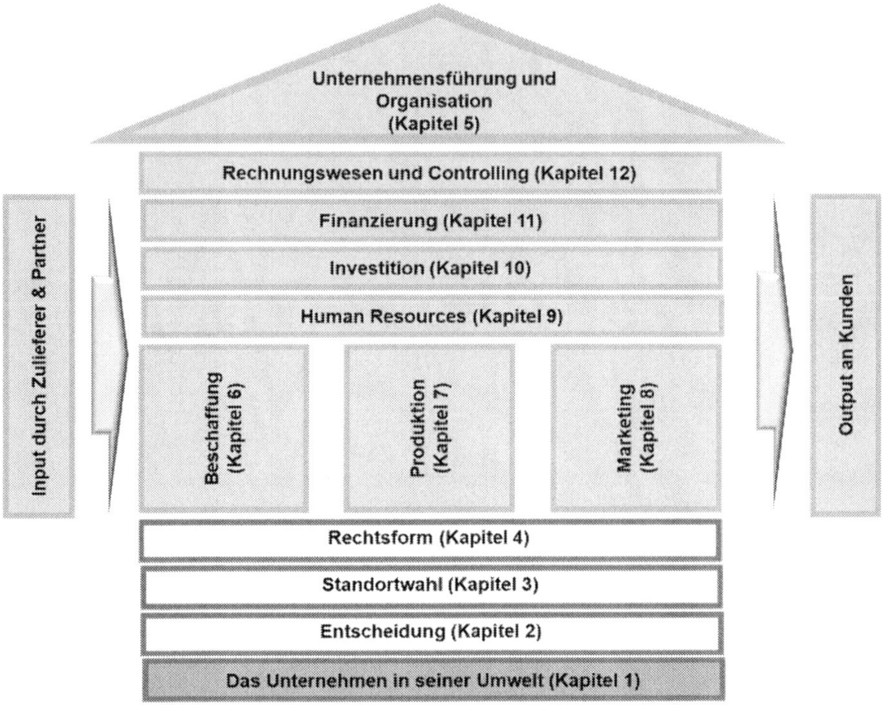

Quelle: in Anlehnung an Schroer, 2021

1.1.2 Bedürfnisse und Güter

Wenn Sie Hunger haben oder Durst und wenn Sie wissbegierig sind, dann möchten Sie essen, trinken, sich in ein gutes Buch vertiefen oder eine Dokumentation ansehen. Anders gesagt: Es fehlt Ihnen etwas, Sie haben unerfüllte Wünsche und **Bedürfnisse**, welche Sie befriedigen möchten.

Bedürfnisse sind der Ausgangspunkt allen wirtschaftlichen Handelns. Ein Bedürfnis ist dabei ein Wunsch, der aus einem Mangel herrührt. Daraus resultiert wiederum ein konkreter Wunsch zur Befriedigung durch Gütern oder Dienstleistungen.

Zur Befriedigung von Bedürfnissen dienen **Güter**, wobei hierunter Gegenstände, Tätigkeiten und Rechte subsumiert werden. Einige dieser Güter sind frei verfügbar (wie z. B. Sonnenlicht) und werden daher auch als **freie Güter** bezeichnet. Güter, welche lediglich in begrenzter Menge vorhanden sind, nennt man **knappe Güter** (Opresnik und Rennhak, 2014).

1.1.3 Wirtschaften und das ökonomische Prinzip

Die überwiegende Anzahl der Güter steht nur in einem begrenzten Umfang zur Verfügung. Da aber die Bedürfnisse nahezu unlimitiert sind, ergibt sich ein Spannungsfeld zwischen den Bedürfnissen auf der einen Seite und den Gütern auf der anderen Seite (Jung, 2016), woraus sich unmittelbar die Notwendigkeit zum **Wirtschaften** ergibt (Opresnik und Rennhak, 2014).

Wirtschaften ist rationales Verhalten, welches zum Ziel hat, knappe Güter so einzusetzen, dass eine größtmögliche Bedürfnisbefriedigung gesichert ist (Wöhe et al., 2020).

Ökonomisch optimal zu handeln heißt in diesem Kontext, ein möglichst optimales Verhältnis zwischen Input und Output an Gütern zu realisieren (Opresnik und Rennhak, 2014; Wöhe et al., 2020).

Dieses **Wirtschaftlichkeitsprinzip** bzw. **ökonomische Prinzip** kommt in **zwei grundsätzlichen Ausprägungen** vor (Vahs und Schäfer-Kunz, 2015; Opresnik und Rennhak, 2014):

- Das **Minimalprinzip** impliziert, dass bei geringstmöglichem Einsatz an Inputfaktoren ein vorgegebener Output zu realisieren ist.

- Das **Maximalprinzip** dagegen bedeutet, dass bei einem gegebenen Aufwand an Inputfaktoren der größtmögliche Outputertrag zu erzielen ist.

1.1.4 Haushalte und Unternehmen als Träger der Wirtschaft

Wirtschaften findet in spezifischen **Wirtschaftseinheiten** unterschiedlicher Größenordnungen statt (vgl. Abbildung 1.2). Wie bereits ausgeführt produzieren **Unternehmen** bzw. **Betriebe** Güter und Dienstleistungen zur Bedürfnisbefriedigung (Opresnik und Rennhak, 2014).

Abbildung 1.2: Abgrenzung betriebswirtschaftlich relevanter Wirtschaftseinheiten

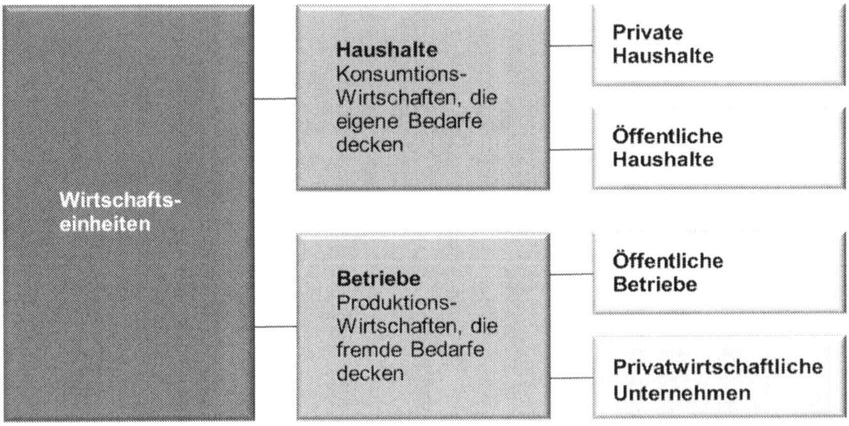

Quelle: adaptiert von Schierenbeck und Wöhle, 2016, modifiziert

Während das Unternehmen in der Regel als die planvoll organisierte Einheit aufgefasst wird, wird der Betrieb als die Wirtschaftseinheit bezeichnet, in der die Produktionsfaktoren miteinander kombiniert werden, um Güter bzw. Dienstleistungen herzustellen und abzusetzen (Wöhe et al., 2020). In der Praxis ist diese Unterscheidung nicht von Relevanz, weshalb in diesem Buch auch fortlaufend von Unternehmen gesprochen wird.

Im Gegensatz zu Haushalten lassen sich Unternehmen als produktionsorientierte Wirtschaftssubjekte beschreiben, die primär der Fremdbedarfsdeckung dienen und demzufolge auch als Produktionswirtschaften bezeichnet werden (Opresnik und Rennhak, 2014).

Unternehmen können weiter unterteilt werden in (Wöhe et al., 2020):

- **Privatwirtschaftliche Unternehmen**: Dabei handelt es sich um Betriebe, die auf Gewinnmaximierung aus sind und an denen sich der Staat in der Regel nicht beteiligt (z. B. adidas).

- **Öffentliche Unternehmen**: Öffentliche Unternehmen sind in staatlicher Hand und stellen hauptsächlich öffentliche Güter für das Gemeinwesen bereit (z. B. Wasserwerk).

Haushalte oder auch Konsumtionswirtschaften sind dadurch charakterisiert, dass sie ver- und gebrauchsorientiert sind, d. h. sie stellen Wirtschaftseinheiten dar, in welchen zur Deckung eigener Bedürfnisse Güter und Dienstleistungen konsumiert werden.

Haushalte können unterteilt werden in (Opresnik und Rennhak, 2014):

- **Private Haushalte**: Dabei handelt es sich um Einzel- oder Mehrpersonenhaushalte, die aufgrund von Individualbedürfnissen ihren Eigenbedarf decken.
- **Öffentliche Haushalte**: Darunter fallen Bund, Länder und Gemeinden, welche ihren Bedarf aus den Bedürfnissen der privaten Haushalte ableiten.

1.1.5 Stakeholder und das Unternehmensumfeld

Wenn Sie sich nochmals die wesentlichen Funktionsweisen eines Unternehmens in Abbildung 1.1. vor Augen führen, werden Sie erkennen, dass die Strukturen und Prozesse bzw. der Aufbau und die Abläufe in mannigfaltiger Beziehung vom **Unternehmensumfeld** beeinflusst sind.

Die Bezugsgruppen bzw. Stakeholder eines Unternehmens sind alle Wirtschaftseinheiten, welche in Beziehung zum Unternehmen stehen und damit das Handeln beeinflussen bzw. von den Handlungen des Betriebes betroffen sind (Rüegg-Stürm, 2002).

Stakeholder können dabei wie folgt unterteilt werden (Opresnik und Rennhak, 2014):

- **Interne Stakeholder**: Zu den unternehmensinternen Interessengruppen gehören u. a. Führungs- und Arbeitskräfte, Betriebsrat.
- **Externe Stakeholder**: Zu den unternehmensexternen Interessengruppen gehören u. a. Kundschaft, Zulieferunternehmen, Kapitalgebende, Konkurrenz, die Medien, der Staat und auch Interessengruppen wie ADAC, Greenpeace oder die IG Metall.

1.2 Management von Unternehmen durch Zielvorgaben

Ziele und Kennzahlen wie z. B. Umsatzrendite oder Deckungsbeitrag werden von Unternehmen zur Planung, Steuerung, Kontrolle sowie Unternehmensentwicklung herangezogen.

Der Ausdruck „Management durch Zielvorgaben" stammt vom englischen Begriff **„Management by Objectives (MbO)"**, einer Führungstechnik, die 1954 vom österreichisch-amerikanischen Managementtheoretiker *Peter Ferdinand Drucker* (1909-2005) entwickelt wurde. Ziel dieses Prozesses ist es, die langfristigen Ziele des Unternehmens und der Belegschaft umzusetzen, indem Ziele für jede einzelne Einheit der Organisation und auch für die jeweiligen Mitarbeitenden zusammen festgelegt werden (Wöhe et al., 2020).

Grundsätzlich sollten im Rahmen der Zielformulierung **unscharfe Zielbeschreibungen** wie die folgenden unterbleiben: „möglichst positive Umsatzentwicklung", „Steigerung der Kundenzufriedenheit", „erfolgreiche Produkteinführung". Sämtliche Ziele müssen deutlich formuliert werden. Die Kriterien hierfür sind im Konzept der sogenannten ***SMARTen* Ziele** definiert.

Dabei stehen die einzelnen Lettern für **Charakteristika**, die eine **klare Zielformulierung** ausmachen (Opresnik, 2021; Lehner und Weihe, 2019):

- **S** = spezifisch: Das Ziel muss konkret und eindeutig formuliert sein.

- **M** = messbar (der Zielerreichungsgrad ist messbar): Ein Ziel muss genau definiert werden, damit objektiv bestimmt werden kann, ob und wann es erreicht worden ist (Lehner und Weihe, 2019).

- **A** = ambitioniert bzw. attraktiv (das Ziel ist erstrebenswert): Das Ziel muss attraktiv und motivierend sein. Ist es zu einfach zu erreichen, wirkt es nicht motivierend. Nur Ziele, welche realistisch, aber gleichzeitig auch nicht einfach zu erreichen sind, sind attraktive und motivierende Ziele (Lehner und Weihe, 2019).

- **R** = realistisch (das Ziel ist erreichbar): Wie soeben bereits beschrieben müssen Ziele stets realistisch und erreichbar sein. Illusorische und nicht zu erreichbare Ziele demotivieren, weil das Scheitern quasi vorprogrammiert ist.

- **T** = terminiert (das Ziel muss innerhalb einer vorgegebenen Zeit erreicht sein): Jedes Ziel hat einen festen Zeitpunkt der Erledigung.

Bei einer dem o. g. Akronym entsprechenden klaren Zielvorgabe erfüllen Ziele gleichermaßen die folgenden **Funktionen**:

- **Orientierungsfunktion** in Bezug auf das, was erreicht oder bewirkt werden soll.
- **Motivationsfunktion** für die Betroffenen und Beteiligten, nicht nur bei einer leistungsorientierten Vergütung.
- **Koordinationsfunktion** da die Aktivitäten von Personen und Abteilungen und die Prozesse durch Zielvorgaben entsprechend priorisiert und aufeinander abgestimmt werden.
- **Kontrollfunktion** und somit Steuerungsmöglichkeit für die Unternehmensaktivitäten und den Mitteleinsatz.
- **Informationsfunktion** über beabsichtigte und künftige strategische Vorhaben und Maßnahmen.

Vom Inhalt her können folgende **Zielarten** unterschieden werden:

- **Wert- und Formalziele**: Dies sind Ziele auf Grundlage des ökonomischen Prinzips, z. B.: Gewinn- oder Umsatzmaximierung
- **Sachziele**: Dies sind Ziele hinsichtlich sachinhaltlich anzustrebender Leistungsergebnisse, z. B. Produktqualitätssteigerung
- **Humanziele und ökologische Ziele**: Dies immer wichtiger werdende Art beinhaltet Ziele hinsichtlich des anzustrebenden Verhaltens gegenüber Mitarbeitenden und Öffentlichkeit, z. B.: Sicherung der Arbeitsplätze

In der Praxis gibt es eine Vielfalt von Zielen, welche nach der **Zielwirksamkeitsbeziehung** in folgendem Verhältnis zueinander stehen können:

- **Komplementäre Ziele**: Die Zielverfolgung des einen Ziels (z. B. Umsatzmaximierung) trägt zur Zielerreichung des anderen Ziels (z. B. Marktanteilssteigerung) bei (Wöhe et al., 2020).
- **Konkurrierende Ziele**: Die Zielerreichung des einen Ziels (z. B. Qualitätsverbesserung) geht zu Lasten des anderen Ziels (z. B. Kostenminimierung) (Hopfenbeck, 2002).
- **Indifferente Ziele**: Die Zielerreichung des einen Ziels (z. B. Belegschaftszufriedenheit) hat keinerlei Einfluss auf die Zielerreichung des anderen Ziels (z. B. Optimierung des Designs) (Becker, 2018).

1.3 Unternehmenswachstum und Unternehmensverbindungen

Einer Unternehmung stehen zur Umsetzung ihrer **Wachstumsstrategien** grundsätzlich drei Wege zur Verfügung:

- **Operatives Wachstum**, d. h. aus eigener Kraft (mit eigenen Ressourcen)
- **Akquisitionen** oder **Zusammenschlüsse** (Beteiligungen, Mergers and Acquisitions: M&A)
- **Zusammen mit einem Partner** in Form von Kooperationen (z. B. strategische Allianzen, Joint Ventures)

Vor allem aufgrund der **zeitlichen Einsparung** ist es für ein Unternehmen häufig ratsamer, sich mit anderen Unternehmens zusammenzutun, diese aufzukaufen oder zu kooperieren.

Die **Vorteile** sind vor allem (Jung, 2016; Opresnik und Rennhak, 2014):

- **Erschließung neuer Märkte**: Durch gemeinsame Werbung, Aufteilung von Märkten und Verkaufsniederlassungen können neue

Regionen und Märkte erschlossen werden, z. B. kann durch Akquisition eines indischen Optikers der Markteintritt in diesen Markt leichter und schneller erfolgen, da das Unternehmen auf eine bereits bestehende Filialstruktur und einen entsprechenden Kundenstamm zugreifen kann.

- **Verbundeffekte (Economies of Scope)** beinhalten das Konzept der **Synergie (Synergie = Zusammenwirken)** und der **Synergievorteile**, welche entstehen, wenn das Ganze mehr ist als die Summe seiner Teile. Dementsprechend wird dieses Prinzip auch als **1+1=3-Effekt** bezeichnet (Opresnik und Rennhak, 2014). Ein Beispiel für einen solchen Verbundeffekt ist die gemeinsame Nutzung von Filialen bei einem Unternehmenszusammenschluss, so dass nicht jedes Unternehmen eine eigene Filiale in einem Ort unterhalten muss.

- **Arbeitsteilung und Spezialisierung hinsichtlich bestimmter Leistungen** kann durch die Beseitigung von Doppelarbeiten zu Kosteneinsparungen und zur besseren Kapazitätsauslastung führen.

- **Kostendegressionseffekte** beinhalten die Austeilung der Fixkosten auf die Produktionsmenge. **Fixe Kosten** sind alle Kosten, welche für das Unternehmen, unabhängig von der produzierten Menge, entstehen (z. B. Miete für eine Fabrik). Diese verteilen sich auf die Zahl der verkauften Produkte. Je mehr Produkte produziert werden, desto geringer ist der Anteil an Fixkosten pro Mengeneinheit. Man spricht deshalb auch von dem sogenannten **Fixkostendegressionseffekt** (Opresnik und Rennhak, 2014).

- **Erweiterung der Modellpalette**: Durch eine Unternehmensübernahme kann ein Unternehmen sein Produktportfolio ausweiten, z. B. erweitert der Automobilhersteller *Audi* sein Portfolio um die Kategorie der Motorräder durch den Kauf von *Ducati*.

- **Skaleneffekte (Economies of Scale)**: Durch einen Zusammenschluss bzw. eine Kooperation können Unternehmen ggü. Zulieferunternehmen stärkere Verhandlungspositionen und demzufolge bessere Konditionen erreichen, z. B. beim Einkauf von Rohstoffen.

- **Risikominimierung:** Durch Zusammenschluss mit einem anderen Unternehmen und die Erschließung neuer Geschäftsfelder im Rahmen der **Diversifikation** wird das Unternehmensrisiko auf verschiedene Geschäftsbereiche verteilt.

Ein wichtiges Kennzeichen von Unternehmenszusammenschlüssen ist die **Integrationsrichtung**. Nach der **Art der verbundenen Wirtschaftsstufen** lassen sich die folgenden Zusammenschlüsse unterscheiden (Opresnik und Rennhak, 2014; Jung, 2016; Wöhe et al., 2020):

- **Horizontale Unternehmenszusammenschlüsse**: Darunter versteht man den Zusammenschluss von Unternehmen auf derselben Produktions- oder Handelsstufe (zum Beispiel mehrere Automobilhersteller). Eine horizontale Unternehmensverbindung **vergrößert** die Produkt- oder **Leistungsbreite** der beteiligten Wirtschaftssubjekte (Opresnik und Rennhak).

- **Vertikale Unternehmenszusammenschlüsse**: Diese Zusammenschlüsse auf vertikaler Ebene (**Integration**) entstehen durch eine Vereinigung von aufeinanderfolgenden Produktion- oder Handelsstufen, wodurch eine **Vergrößerung der Leistungstiefe** herbeigeführt wird. Solche Verbindungen können in zwei verschiedene Richtungen erfolgen (Wöhe et al., 2020; Opresnik und Rennhak):

  - **Rückwärtsintegration**: Dabei handelt es sich um Verbindung mit Unternehmen der vorgelagerten Produktions- oder Handelsstufe. Ein Beispiel ist der Kauf einer Baumwollplantage durch einen Textilproduzenten.

  - **Vorwärtsintegration**: Hier handelt es sich um eine Vereinigung von Unternehmen der nachgelagerten Produktions- oder Handelsstufe. Ein Beispiel ist der Kauf einer Parfümeriekette durch einen Parfümhersteller.

- **Diagonale (anorganische / konglomerate) Unternehmenszusammenschlüsse**: Zusammenschlüsse diagonaler Art entstehen, wenn sich Unternehmen unterschiedlicher Zweige und/oder verschiedener Produktions- und Handelsstufen vereinigen, z. B. der Zusammenschluss eines Automobilunternehmens- mit einem Touristikunternehmen (Opresnik und Rennhak, 2014).

Die unterschiedlichen Formen der Unternehmensverbindungen beeinträchtigen die wirtschaftliche und rechtliche Selbstständigkeit der Unternehmen.

Grundsätzlich werden **Kooperationen** und **Konzentration** unterschieden (Opresnik und Rennhak, 2014; Wöhe et al., 2020):

- **Kooperation**: Die Kooperation ist charakterisiert durch freiwillige Zusammenarbeit von Unternehmen, die rechtlich und in den nicht berührten Bereichen wirtschaftlich selbstständig bleiben (Hopfenbeck, 2002; Wöhe et al., 2020).

- **Konzentration**: Hierbei werden sämtliche Funktionen der zusammengeschlossenen Unternehmen zusammen erfüllt. Die Betriebe geben dabei ihre wirtschaftliche Selbstständigkeit auf. Hauptmerkmal ist die Unterordnung der Unternehmen unter einer einheitlichen Leitung (Opresnik und Rennhak, 2014).

Die **wichtigsten Kooperationsformen** sind (Opresnik und Rennhak, 2014; Wöhe et al., 2020; Hopfenbeck, 2002):

- **Gelegenheitsgesellschaften**: Dies sind Gesellschaften, die sich nach der Erledigung einer Aufgabe wieder auflösen (Wöhe et al., 2020).
- **Interessengemeinschaften**: Der Unterschied zur o. g. Art besteht darin, dass diese inhaltlich und zeitlich weiter gefasst ist (Wöhe et al., 2020).

- **Kartelle**: Bei einem Kartell verfolgen die Partner das Ziel, mit ihrer Marktmacht die Mechanismen des Marktes zum gemeinsamen Vorteil einzuschränken. Nach § 1 GWB (Gesetz gegen Wettbewerbsbeschränkung) sind Kartelle prinzipiell verboten (Hopfenbeck,

2002): Unter bestimmten Voraussetzungen bestehen allerdings Ausnahmen (z. B. OPEC).

- **Joint Venture bzw. Gemeinschaftsunternehmen**: Dabei handelt es sich um eine Form der wirtschaftlichen Zusammenarbeit zwischen zwei oder mehreren unabhängigen Unternehmen in der Form, dass ein rechtlich selbständiges Unternehmen zur Erreichung eines gemeinsamen Zwecks gegründet oder erworben wird (Wöhe et al., 2020). Dabei steht das Joint Venture in der Regel unter der gemeinsamen Leitung der Gesellschafterunternehmen.

- **Franchising**: Das Franchising stellt eine spezielle Form der Lizenzvereinbarung dar. Der Franchisegeber sucht sich dabei mehrere Franchisenehmer, welche als Unternehmer nach einem konsistenten Marketingkonzept Waren oder Dienstleistungen anbieten.

Die **wichtigsten Konzentrationsformen** sind (Opresnik und Rennhak, 2014; Wöhe et al., 2020):

- **Konzern**: Nach §18 AktG ist ein Konzern der Zusammenschluss mehrerer rechtlich selbständiger Unternehmen unter einer einheitlicher Leitung (Opresnik und Rennhak, 2014).

- **Fusion**: Bei einer Fusion (auch **Merger)** geben die Beteiligten ihre wirtschaftliche Unabhängigkeit auf und mindestens ein beteiligtes Unternehmen verliert zudem seine rechtliche Selbständigkeit (Wöhe et al., 2020). Fusionen werden vom **Bundeskartellamt** geprüft, wenn die weltweiten Umsätze der Beteiligten > 500 Mio. EUR betragen und die Inlandsumsätze eines Unternehmens > 25 Mio. EUR und die eines weiteren Unternehmens > 5 Mio. EUR betragen. Als Faustregel gilt, dass die **Europäische Kommission** Zusammenschlüsse prüft, wenn der Gesamtumsatz aller beteiligten Unternehmen mehr als 5 Mrd. EUR beträgt (gemeinschaftsweite Bedeutung) (Bundeskartellamt, 2021).

2. Entscheidung als Basisfunktion: Was soll man tun?

2.1 Betriebswirtschaftliche Entscheidungstheorie

Die BWL-Standardwerke (Opresnik und Rennhak, 2014; Wöhe et al., 2020) diskutieren ausführlich **verschiedene Modelle der Entscheidungstheorie**, die sich je nach der Kenntnis der Entscheidenden über die Rahmenbedingungen ihres Handels (in der Regel als „den tatsächlich vorliegenden Umweltzustand" bezeichnet) unterscheiden. Dabei wird prinzipiell wie folgt vorgegangen: Zunächst wird eine sogenannte **Ergebnismatrix** aufgestellt. Dies ist eine Tabelle, welche jeder Alternative und jedem Umweltzustand ein entsprechendes Ergebnis zuordnet. Je nach Wichtigkeit des einzelnen Kriteriums können ebenfalls noch **Gewichtungsfaktoren** für die jeweiligen Kriterien angegeben werden (Wöhe et al., 2020).

Abbildung 2.1: Beispiel einer Ergebnis-, Nutzen- und Entscheidungsmatrix

Ergebnismatrix

Alternativen	Zielkriterium 1 Infrastruktur Gewichtung: 0,8	Zielkriterium 2 Subventionen Gewichtung: 0,2
A1 München	Gut	Hoch
A2 Hannover	Sehr gut	Mittel
A3 Hamburg	Mittel	Mittel

Nutzenmatrix

Alternativen	Zielkriterium 1 Infrastruktur Gewichtung: 0,8	Zielkriterium 2 Subventionen Gewichtung: 0,2
A1 München	8	10
A2 Hannover	10	5
A3 Hamburg	5	5

Entscheidungsmatrix

Alternativen	Zielkriterium 1 Infrastruktur Gewichtung: 0,8	Zielkriterium 2 Subventionen Gewichtung: 0,2	Summe
A1 München	6,4	2,0	8,4
A2 Hannover	8,0	1,0	9,0
A3 Hamburg	4,0	1,0	5,0

Da der reine Ergebniswert keine ausreichende Aussage über den **Nutzen**, den dieses Ergebnis für die Entscheidenden mitbringt, liefert, sind die entsprechenden Ergebnisse in Nutzenwerte zu transformieren (z. B. mittels einer **Nutzen-Skala** von 1-10, wobei 10 den größten Nutzen bietet) und in einer **Nutzenmatrix** darzustellen. Die **Entscheidungsmatrix** ist letztlich eine tabellarische Darstellungsform, die alle wichtigen Informationen für eine zu treffende Entscheidung umfasst, d.h. die Nutzenwerte aller Optionen in Abhängigkeit von gewissen Umweltbedingungen (Wöhe et al., 2020). Betrachten wir hierzu als Beispiel eine einfache Standortentscheidung mit lediglich zwei Kriterien und drei Alternativen. Die drei Alternativen lassen bei beiden Kriterien positive Erfolgsbeiträge erwarten, wobei die Alternative 3 die sogenannte **Unterlassungsalternative** darstellt, da sie von den anderen Alternativen dominiert wird. Sie ist folglich zu vernachlässigen. Die Werte der Entscheidungsmatrix erhält man durch Multiplikation der Notenwerte mit der Gewichtung (vgl. Abbildung 2.1).

2.2 Entscheidungen unter Sicherheit

Bei Entscheidungen unter Sicherheit sind für alle Alternativen und Kriterien die vorliegenden Umweltzustände bekannt. Im o. g. Beispiel wird sich die Entscheidenden für Alternative 2 entscheiden, da sie den größten Gesamtnutzen stiftet.

2.3 Entscheidungen unter Risiko

Bei Risikoentscheidungen ist der wirklich eintreffende Umweltzustand unbekannt, aber eine Verteilung der Wahrscheinlichkeiten für die eventuell auftauchenden Umweltzustände ist bekannt (Wöhe et al., 2020). Hierbei richten sich die Entscheidenden im Rahmen der sogenannten **Bayes-Regel** nach dem **Erwartungswert μ**, welcher sich wiederum aus der Multiplikation der **Eintrittswahrscheinlichkeit w** mit den **Nutzenwerten** ergibt (Opresnik und Rennhak, 2014).

Abbildung 2.2: Beispiel einer Entscheidung unter Risiko

Entscheidungsmatrix

	Zielkriterium: Absatzpotential		
Alternativen	Positive Entwicklung: 0,8	Negative Entwicklung: 0,2	Erwartungswert
A1 München	8,0	6,0	7,6
A2 Hannover	10,0	6,0	9,2
A3 Hamburg	10,0	8,0	9,6

Sehen wir uns dies wieder an einem einfachen Beispiel an, bei welchem nur ein Zielkriterium, nämlich das Absatzpotential, betrachtet wird, für das aber zwei **Umweltzustände** (eine positive bzw. negative Entwicklung des Marktes) mit entsprechenden Wahrscheinlichkeiten vorliegen (vgl. Abbildung 2.2). Im o. g. Beispiel würden sich die Entscheidenden für die Alternative 3 entscheiden, da diese den höchsten Erwartungswert liefert.

2.4 Entscheidungen unter Unsicherheit

Im Falle von Entscheidungen unter Unsicherheit sind weder der tatsächlich eintretende Umweltzustand noch Wahrscheinlichkeitsverteilungen bekannt. Im Folgenden werden mit der **Maximin-**, der **Maximax-**, der **Hurwicz-** und der **Savage-Niehans-Regel** die wichtigsten Regeln bei Entscheidungen unter Unsicherheit vorgestellt (Opresnik und Rennhak, 2014; Wöhe et al., 2020).

Zur **Erläuterung** wird auf das obige Beispiel und die Ergebnismatrix aus Abbildung 2.3 zurückgegriffen (vgl. ausführlich Opresnik und Rennhak, 2014; Wöhe et al., 2020):

- **Minimax-Regel**: Diese Regel basiert auf der Annahme eines **risikoaversen** bzw. risikoscheuen Entscheidenden und besagt, dass die Variante gewählt wird, deren schlechtester Ergebniswert im Vergleich zu denen der anderen Optionen am höchsten ist (A3=8) (Wöhe et al., 2020).

- **Maximax-Regel**: Hier sind dic Entscheidenden im Vergleich zur Minimax-Regel eher risikofreudig und sollten deshalb die Alternative mit dem höchstmöglichen Ergebniswert wählen (A2=10).

- **Hurwicz-Regel (**Pessimismus-Optimismus-Regel**)**: Diese Regel ist eine Art Mittelweg und führt den **Optimismusparameter λ** ein, welcher die **Risikoneigung** widerspiegelt. Der Parameter kann Werte von 0 (extrem risikoscheu) bis 1 (extrem risikofreudig) annehmen. Die Zeilenmaxima werden mit λ, die Zeilenminima mit 1-λ gewichtet. Im Beispiel wurde ein Faktor λ=0,8 gewählt und damit sehr risikofreudige Entscheidende angenommen. Unter diesen Voraussetzungen fällt die Wahl auf A2.

- **Savage-Niehans-Regel (Regel des kleinsten Bedauerns)**: Bedauern bezeichnet die Differenz zwischen dem besten und dem schlechtesten Ergebnis einer Handlungsoption im Hinblick auf die Zielerreichung (Wöhe et al., 2020). Dieser Wert soll minimiert werden. Dazu werden die jeweiligen Spaltenmaxima bestimmt und dann für jeden Nutzenwert der höchstmögliche Nachteil durch die Differenz zwischen dem jeweiligen Spaltenmaximalwert und dem jeweiligen Nutzwert bestimmt (Opresnik und Rennhak, 2014; Wöhe et al., 2020). Im Beispiel ergeben sich für A1 demnach 2 (8-6) und 2 (10-8) als Werte und für A3 0 (8-8) und 1 (10-9). Von diesen Werten wird für jede Handlungsalternative das maximale Risiko durch Zeilenmaximierung ermittelt. Gewählt wird dann die Aktion (hier A3), bei welcher das maximale Risiko am kleinsten ist.

Abbildung 2.3: Entscheidungsregeln unter Unsicherheit

	Zielkriterium: Konkurrenzsituation					
Alternativen	**Zunehmend**	**Abnehmend**	**Minimax**	**Maximax**	**Hurwicz**	**Savage-Niehans**
A1 München	6,0	8,0	6,0	8,0	7,6	2,0
A2 Hannover	6,0	10,0	6,0	**10,0**	**9,2**	2,0
A3 Hamburg	8,0	9,0	**8,0**	9,0	8,8	**1,0**
Spaltenmaxima	**8,0**	**10,0**				

2.5 Big Data als Herausforderung und Chance

Ein Informationsmangel ist heutzutage eher die Ausnahme - meist ist das Umgekehrte der Fall: Daten sind im Übermaß vorhanden:

- **Unternehmensintern** werden den Entscheidenden die Daten aus allen Unternehmensbereichen (Einkauf, IT, etc.) in Form von bspw. Shared Workspaces, interner E-Mail-Kommunikation, Bankdaten etc. zugetragen.

- **Unternehmensextern** sind Daten der Kundschaft, der Konkurrenz, der Öffentlichkeit etc. in Form von bspw. Marktforschungsstudien, Social Media-Screening, Veröffentlichungen, Podcasts, Blogs etc. verfügbar.

Die große Herausforderung besteht darin, die relevanten Daten herauszufiltern und zu Informationen zu verarbeiten, die im Entscheidungsprozess tatsächlich gewinnbringend genutzt werden können. Hier kommen Begriffe wie „**Big Data**" oder „**Data Analytics**" ins Spiel (Fraunhofer, 2018):

Der Ausdruck "Big Data" bezieht sich auf Datensätze, die so umfassend, variabel und/oder vielschichtig sind, dass sie mit üblichen statistischen Methoden nur schwer oder gar nicht zu analysieren sind.

Die Analyse, Erfassung und Verarbeitung von großen Datenmengen ist heute jedoch in vielen Geschäftsbereichen alltäglich und unerlässlich. So können mittels Big Data-Analysen bspw. Geschäftsprozessoptimierungen in allen Funktionsbereichen einer Unternehmung durchgeführt werden; während dies früher zeitlich nachgelagert erfolgte, werden heute entsprechende Analysen in Echtzeit durchgeführt.

Data Analytics ist ein Bündel von Verfahren, das anhand von computergestützten Methoden eine möglichst autonome und effiziente Identifizierung von geschäftsrelevanten Datenmustern innerhalb großer Datensätze ermöglicht.

Dabei kommen Algorithmen aus der Statistik, der künstlichen Intelligenz und/oder dem maschinellen Lernen zum Einsatz.

2.6 Wann gilt es, was zu entscheiden?

Ähnlich wie Lebewesen durchlaufen auch Unternehmen in ihrer Existenz unterschiedliche **Lebensphasen**. Wie sich das „Leben" eines Unternehmens gestaltet, hängt wesentlich von den Entscheidungen der besitzenden Personen und der für sie handelnden Führungskräfte.

2.6.1 Entscheidungen in der Gründungsphase

Im Zuge der **Unternehmensgründung** ist eine Reihe von Entscheidungen zu treffen. Diese haben oft eine grundlegende Bedeutung für das Unternehmen (man spricht hier von so genannten „**konstituierenden Entschei-**

dungen“) und sind meistens nur schwer zu revidieren. Wir haben der Standortentscheidung (Kapitel 3), der Rechtsformenentscheidung (Kapitel 4) und der Organisationsentscheidung (Kapitel 5) eigene Kapitel gewidmet.

Neben diesen Entscheidungen ist in der Gründungsphase vor allem das **Geschäftsmodell** des Unternehmens von Bedeutung, welches festlegt,

- was der Kundschaft zur **Lösung eines spezifischen Kundenproblems** angeboten wird (sprich: welches Produkt bzw. welche Dienstleistung) und welcher **Mehrwert im Vergleich** zum Angebot des Wettbewerbs für die Kundschaft dadurch generiert wird.
- Zugleich legt es fest, **welche Kundensegmente** angesprochen werden sollen,
- wie das Angebot die Kundschaft erreicht (sprich über welche Vertriebskanäle Produkt bzw. Dienstleistung angeboten werden) und **welche Art von Kundenbeziehung** (z. B. feste Vertragsbindung vs. Einmalgeschäft) daraus erwächst,
- auf **welche Ressourcen, Kompetenzen und Fähigkeiten** zur Erstellung der Problemlösung das Unternehmen zugreifen kann,
- **welche Partnerschaften** dabei gebildet werden und
- **wie das Unternehmen Umsatz generieren möchte** (z. B. Miete vs. Kauf) und **welche Kosten** entstehen werden.

2.6.2 Entscheidungen in der Entwicklungsphase

Wie geht es weiter mit dem neu gegründeten Unternehmen? In der Entwicklungsphase gilt es, das Wachstum des Unternehmens zu managen. Es geht darum, Kapazitäten in allen Funktionsbereichen zu erweitern. In manchen Bereichen fällt das dem Unternehmen leichter als in anderen. **Marktseitig** stehen in der Regel die Chancen im Vordergrund: größere Unternehmen haben sowohl im Beschaffungsmarkt gegenüber den Zulieferbetrieben (aber auch beim Recruiting und auf dem Kapitalmarkt) als auch im Absatzmarkt gegenüber Kundschaft und Distributionspartnern eine bessere Verhandlungsposition. Größere Volumina sichern Skalenvorteile und Lernkurveneffekte, was sich wiederum positiv auf die Stückkosten auswirkt. Der Markterfolg muss aber nicht von Dauer sein. Manchmal erschöpft sich das Marktwachstum recht schnell. Der Erfolg des Unternehmens kann Wettbewerber anlocken, die die Wettbewerbsbedingungen verschärfen und die Margen erodieren lassen. Unternehmen sichern in solchen Situationen die Kontinuität ihres Erfolgs häufig durch das Ausweichen auf Marktsegmente, die bessere Rahmenbedingungen versprechen, in dem sie neue Kundenschichten ansprechen und/oder ihr Produkt- und Serviceportfolio geschickt erweitern. Man spricht hier von **Markt- oder Produkterweiterungsstrategie** oder (wenn beide Strategien simultan zum Einsatz kommen) von einer **Diversifikation**.

Der Schlüssel für den nachhaltigen Erfolg des Unternehmens ist in jedem Fall seine Innovationsfähigkeit.

Erfolgskritisch ist meist eine innovationsfördernde Unternehmenskultur, die Kreativität, Erfindergeist, funktionsbereichsübergreifende Kooperation und unternehmerisches Denken fördert und in der Scheitern und Fehlschläge auch toleriert werden.

2.6.3 Entscheidungen in der Exit-Phase

In der **Exit-Phase** regeln Unternehmen ihr Ausscheiden aus dem Markt bzw. den Eigentumsübergang auf neue Gesellschafterinnen und Gesellschafter:

- Im Falle der **Unternehmensnachfolge** erfolgt der Eigentumsübergang durch Verkauf, Erbe, Schenkung oder Umwandlung in ein Stiftungskonstrukt. Die unternehmerische Führung wird durch Übergabe an die neuen Führungskräfte (innerhalb oder außerhalb der Eignerfamilie) geregelt.

- Im Falle einer **Liquidation** geht das Unternehmen unter. Der Liquidation geht in der Regel der Versuch einer Sanierung und ein Insolvenzverfahren voraus.

Die **Unternehmensnachfolge** ist v. a. für Einzelgewerbe Betreibende, Personengesellschaften und einer kleinen Kapitalgesellschaft relevant. Die Nachfolgeregelung ist für die weitere Existenz des Unternehmens überlebensnotwendig und sollte frühzeitig erfolgen, um eine ausreichend lange Transitionsphase zu ermöglichen, in der der Übergang der Unternehmensanteile ebenso zu regeln ist wie die Übergabe der Leitungsbefugnisse.

Während im Falle der Unternehmensnachfolge das Unternehmen (ggfs. unter anderer Firma) fortbesteht, endet mit der Liquidation die Unternehmensexistenz. Typischerweise geht dieser eine unternehmerische Krise voraus. Kennzeichnend hierfür ist in der Regel, dass über einen längeren Zeitraum die Verluste erwirtschaftet und die finanziellen Mittel aufgezehrt werden. Dauert diese Situation an, führt dies zu einer Existenzgefährdung für das Unternehmen.

Gesetzlich vorgeschrieben ist die Stellung eines Insolvenzantrags im Falle von Zahlungsunfähigkeit und/oder Überschuldung:

- Eine **Zahlungsunfähigkeit** ist gegeben, wenn das Unternehmen nicht in der Lage ist, seine fälligen Zahlungsverpflichtungen zu erfüllen. Sie wird unterstellt, wenn das Unternehmen seine Zahlungen eingestellt hat (§ 17 InsO).

- Der Fall **Überschuldung** ist für juristischen Personen relevant; bei diesen ist die Haftung auf das Gesellschaftsvermögen beschränkt (s. Kapitel 4). Wenn nun das Vermögen des Unternehmens die bestehenden Verbindlichkeiten nicht mehr deckt, droht dessen Gläubigern der Ausfall ihrer Forderungen (§ 19 Abs. 2 InsO).

Erkennt das Management eine krisenhafte Entwicklung, wird es versuchen das Unternehmen zu sanieren. Vor der Anpassung der strategischen Ausrichtung und dem Ergreifen von operativen Maßnahmen wird hierbei die kurzfristige Liquiditätssicherung im Vordergrund stehen. Es gilt die Abflüsse von Zahlungsmitteln soweit wie möglich zu minimieren und Zahlungsmittelzuflüsse zu maximieren. Diese Aktivitäten zielen darauf ab kurzfristig das finanzielle Gleichgewicht zu sichern und damit ausreichende Liquidität zu gewährleisten.

3. Standortwahl: Die Heimat des Unternehmens

Die Wahl des Unternehmensstandortes ist ein wichtiger Aspekt – nicht nur im Kontext der Unternehmensgründung (Weber, 1914).

Der Standort ist der räumliche Ort, an dem ein Unternehmen seine Produkte und Dienstleistungen erzeugt und vertreibt. Standortentscheidungen sind Beschlüsse darüber, an wie vielen und an welchen Standorten welche Unternehmensleistungen produziert und verkauft werden (Opresnik und Rennhak, 2014; Hansmann, 1974).

Die Bedeutung von Standortentscheidungen ergibt sich dabei zunächst einmal aus der der Tatsache, dass diese schwierig zu korrigieren sind. Es handelt sich hierbei um eine **konstitutive Entscheidung**.

Konstitutive Entscheidungen haben immer langfristige Folgen und können meist nur mit großem Aufwand wieder korrigiert werden (Hopfenbeck, 2002; Opresnik und Rennhak, 2014; Wöhe et al., 2020).

Dazu gehören neben der Standortwahl auch die weiter unten behandelten Aspekte der Rechtsform und die Organisationsstruktur des Unternehmens, ebenso wie die bereits dargestellten Unternehmensverbindungen.

Zudem gibt die Entscheidung für einen bestimmten oder auch mehrere Standorte die Rahmenbedingungen für zahlreiche Entscheidungen vor, wie z. B. Entscheidungen über die Rechtsform oder das Wachstum. (Schneck, 2005; Opresnik und Rennhak, 2014).

Die große Herausforderung im Kontext der Standortwahl ist die **mangelnde natürliche und wirtschaftliche Gleichheit der Fläche**, d. h. nicht jeder Standort hat den gleichen Einfluss auf die unternehmerischen Ziele.

Unterschiedliche Orte besitzen aufgrund der folgenden Faktoren **verschiedene Eignungsgrade** (Schneck, 2005; Opresnik und Rennhak, 2014):

- andersgearteter Zugang zum Absatzmarkt
- unterschiedliche Verteilung der Ressourcen,
- Unterschiede in den Rechtsnormen (z. B. Steuerrecht),
- unvollkommene Faktormobilität und
- Transportkosten

Aufgabe der Standortentscheidung ist vor diesem Hintergrund die Bestimmung von Standorten, bei denen die Anforderungen und die Bedingungen des Standortes optimal aufeinander abgestimmt sind (Schneck, 2005).

3.1 Anlässe und Ziele von Standortentscheidungen

Die Wahl des Standorts bezieht sich generell auf die folgenden Phasen:

- der Unternehmens-**Gründung**
- der Unternehmens-**Erweiterung**
- der Unternehmens-**Verlagerung**

Standortveränderungen können allgemein **wachstums-, schrumpfungs- oder strukturbedingt** sein (Steiner, 1993; Opresnik und Rennhak, 2014):

- **Wachstumsbedingte Standortveränderungen**: Diese führen zum Aufbau neuer und zur Erweiterung existierender Standorte, z. B. versuchen Unternehmen, sich räumlich näher an ihren Beschaffungsmärkten zu positionieren (Opresnik und Rennhak, 2014).

- **Schrumpfungsbedingte Standortveränderungen:** In diesem Fall kann es zu teilweisen oder kompletten Stilllegungen von Standorten kommen, z. B. wenn Produktionskapazitäten abgebaut werden sollen und im Zuge dessen bestehende Absatzstandorte stillgelegt werden (Opresnik und Rennhak, 2014).

- **Strukturbedingte Standortveränderungen**: Bei dieser Art von Standortveränderung kommt es zur Aufteilung, Verlagerung oder Vereinigung von Standorten, z. B. wenn Arbeitskosten reduziert werden sollen (Opresnik und Rennhak, 2014).

3.2 Einflussfaktoren im Rahmen der Standortentscheidung

Im Zuge der Standortplanung muss jeder potentielle Standort hinsichtlich der Eignung untersucht werden. Die Vorteilhaftigkeit von Standorten wird dabei von diversen Faktoren beeinflusst (Schneck, 2018).

Diese lassen sich in folgende **Kategorien** einteilen (Schneck, 2005 und 2018; Wöhe et al., 2020; Opresnik und Rennhak, 2014):

- **Beschaffungsorientierte Standortfaktoren**
  - Grundstücke: Beschaffenheit, Preise
  - Roh-, Hilfs- und Betriebsstoffe: Preise, Transportkosten, Zuverlässigkeit der Zulieferer
  - Arbeitskräfte: Arbeitskräftepotential, Lohnniveau, Qualifikation, Ausbildung, Bildungsstand, Erfahrung, Arbeitnehmerrechte wie Mitbestimmung und Arbeitsrecht
  - Energie: Verfügbarkeit, Preise, Stabilität der Versorgung
  - Infrastruktur: Straßen-, Autobahn-, Schienen-, Hafen- oder Flugplatzanschlüsse, Transportkosten und -dauer
- **Produktions-/Fertigungsorientierte Standortfaktoren**
  - Natürliche Gegebenheiten: Beschaffenheit des Bodens, klimatische Bedingungen
  - Technische Gegebenheiten: Räumliche Nähe von potentiellen Partner- und Zulieferunternehmen
- **Absatzorientierte Standortfaktoren**
  - Absatzpotenzial: Bevölkerungsstruktur, disponibles Einkommen, Konkurrenzintensität, Verbrauchsgewohnheiten
  - Herkunftsgoodwill: Image von Produktionsregionen (z. B. Uhren aus der Schweiz, Lübecker Marzipan)
  - Kontakte zu Konsumierenden und Nähe zur Kundschaft, bei Dienstleistern: kurze Wege um Unternehmen
  - Kontakte zu Absatzhilfen wie Messen, Agenturen
- **Staatliche Standortfaktoren**
  - Steuern: kommunale Gewerbesteuer, Körperschaftssteuer
  - Grenzüberschreitende Regelungen: Zölle
  - Wirtschaftsordnung: Wettbewerbsgesetze, politische Stabilität
  - Staatliche Regulierungen: Genehmigungsverfahren, Zulassungsverfahren (Pharmaindustrie)
  - Umweltschutzmaßnahmen: staatliche Auflagen, Aktivitäten von Initiativen und Umweltverbänden
  - Staatliche Hilfen: Förderprogramme für Investitionen, Existenzgründung, Forschung und Entwicklung

4. Rechtsformentscheidung: Das juristische Kleid des Unternehmens

Mit der Gründung eines Unternehmens untrennbar verbunden ist auch die Wahl einer entsprechenden Rechtsform als eine konstitutive Entscheidung. Eine Gesellschaftsform regelt die rechtlichen Beziehungen zwischen den Gründungspersonen innerhalb eines Unternehmens und zwischen dem Unternehmen und seinen externen Stakeholdern (Medien, Staat etc.).

Bei der **Wahl der Rechtsform** sind vor allem die nachstehenden **Auswahlkriterien** von entscheidender Bedeutung (Sims et al., 2016):

- **Leitungs- und Kontrollbefugnis:** Wer leitet das Unternehmen – die Eigentümerschaft selbst oder das angestellte Management?
- **Haftungsumfang der Eigenkapitalgeber:** Haftet die Eigentümerschaft nur mit Eigenkapital oder auch mit Privatvermögen?
- **Gewinn-/Verlustbeteiligung:** Nach welchen Kriterien (z. B. Köpfen, Kapitalanteilen etc.) wird der Gewinn/Verlust aufgeteilt?
- **Finanzierungsmöglichkeit:** Kommt das Geld aus einer einzigen Tasche oder sind mehrere Beteiligte möglich?
- **Publizität und Prüfung der Buchführung:** Müssen Unternehmenszahlen offiziell geprüft und veröffentlicht werden?
- **Steuerbelastung**: Wie viel Steuern müssen entrichtet werden?

Die **zentralen Rechtsformen**, die die gründenden Personen je nach Ausprägung des jeweiligen Kriteriums wählen können, werden im Folgenden kurz beschrieben und Abbildung 4.1 fasst diese Wahlkriterien zusammen und zeigt ihre Ausprägung bei den wichtigsten Unternehmensformen.

Einzelunternehmen werden von einzelnen Personen gegründet, die sich als freiberuflich Tätige (z. B. Ärztinnen und Ärzte, Anwältinnen und Anwälte, etc.) oder als gewerbetreibende Einzelunternehmende selbstständig machen. Je nach Tätigkeit ist dafür relativ wenig Startkapital erforderlich. Freiberuflich Tätige brauchen kein Gewerbe anzumelden und zahlen auch keine Gewerbesteuer. Freiberuflich Tätige und gewerbetreibende Einzelunternehmerinnen und -unternehmer zahlen Einkommensteuer, sind jedoch bis zu einer gewissen Grenze von der Vereinnahmung und Überführung der Umsatzsteuer befreit. Für Verluste haften sie persönlich und unbeschränkt.

Wenn sich mehrere Beteiligte zusammenschließen, gründen sie ihr Unternehmen in Form von **Personengesellschaften**. Alle Beteiligten kann dabei je nach seinen individuellen Stärken einen thematischen Bereich im Unternehmen verantworten. Eine größere Zahl von Beteiligten bringt auch mehr Kapital in das Unternehmen ein und Gewinne und Verluste werden auf mehrere Schultern verteilt. Die Gesellschafter haften unbegrenzt mit ihrem Privatvermögen.

Es werden **zwei Grundformen** einer Personengesellschaft unterschieden: **Offene Handelsgesellschaft (OHG)**, bei welcher alle Beteiligten uneingeschränkt haften, und die **Kommanditgesellschaft (KG)**, bei der hingegen die persönlich Haftenden (Komplementär) uneingeschränkt mit ihrem gesamten Vermögen haftet und die eingeschränkt Haftenden (Kommanditist) nur in Höhe seiner Kapitaleinlage.

Um die unbegrenzte Haftung für alle Beteiligten auszuschließen, können sich die Unternehmende bzw. gründende Personen auch für eine der Formen einer **Kapitalgesellschaft** entscheiden. Hierfür ist es erforderlich, dass sie ihr Unternehmen rechtlich und finanziell unabhängig von ihrem privaten Vermögen machen. Das Unternehmen gilt als sogenannte **juristische Person**, d. h. es ist unabhängig von Veränderungen im Gesellschafterkreis und kann in eigenem Namen klagen und verklagt werden sowie Rechtsgeschäfte abschließen (Opresnik und Rennhak, 2014; Wöhe et al., 2020).

Die Kapitalgesellschaft ist zwingend ins Handelsregister einzutragen. Es gibt ein gesetzlich vorgeschriebenes Mindestkapital, das Gründerinnen und Gründer einzahlen müssen. Sie erhalten dafür Kapitalanteile bzw. Aktien. Es werden **zwei Grundformen** unterschieden: die **Gesellschaft mit beschränkter Haftung (GmbH)** und die **Aktiengesellschaft (AG)**.

Abbildung 4.1: Rechtsformen im Überblick

Merkmal / Rechtsform	Einzelunternehmen (Eu)	OHG	KG	AG	GmbH
Rechtsgrundlage	§§ 1-104a HGB	§§ 105-160 HGB	§§ 161-177a HGB	AktG	GmbH Gesetz
Leitungsrechte	Eigentümer	alle oder einzelne Gesellschafter	Komplementäre	Vorstand	Geschäftsführer
Kontrollrechte	Eigentümer	alle Gesellschafter	volle Rechte für Komplementäre, beschränkte für Kommanditisten	volle Rechte für Aufsichtsrat	volle Rechte für Gesellschafterversammlung
Haftung	uneingeschäkt	uneingeschränkt für alle Gesellschafter	uneingeschränkt für alle Komplementäre, beschränkt für Kommanditisten	uneingeschränkt für Gesellschaft, eingeschränkt für Aktionäre	uneingeschränkt für Gesellschaft, eingeschränkt für Gesellschafter
Mindestkapital	keine Vorschrift	keine Vorschrift	keine Vorschrift	50.000 EUR	25.000 EUR
Gewinnbeteiligung	Eigentümer	nach Gesellschaftsvertrag, sonst nach § 122	nach Gesellschaftsvertrag, sonst nach § 168	gleichmäßig auf Stammaktien, Sonderregelung für Vorzugsaktien	nach Gesellschaftsvertrag, sonst nach Stammkapitalanteilen
Entnahmebeschränkung	keine	nach Gesellschaftsvertrag, sonst nach § 122	nach Gesellschaftsvertrag, sonst nach § 168	Gewinnthesaurierung durch Vorstand zulässig	nach Gesellschaftsvertrag möglich
Finanzierungsmöglichkeit	Eigenfinanzierung beschränkt durch Vermögen, Fremdfinanzierung durch Kreditwürdigkeit des Inhabers	bessere Finanzierungsmöglichkeit als Eu, da mehrere Vollhafter	bessere Finanzierungsmöglichkeit als Eu und OHG, da Teilhafter zusätzliches Kapital einbringen	hervorragend, da kleine EK-Anteile, Handel an der Börse, Kapitalmarktzugang für Fremdfinanzierung	Haftungsbeschränkung der Gesellschafter vorteilhaft bei Eigenfinanzierung aber Nachteil bei Fremdfinanzierung
Publizität und Prüfung	nicht erforderlich	wie Eu	wie Eu	Zwingend; Erleichterung für kleine und mittelgroße Unternehmen	Zwingend; Erleichterung für kleine und mittelgroße Unternehmen

Quelle: in Anlehnung an Wöhe et al., 2020; Thommen et al., 2020

5. Organisation: Alles muss seine Ordnung haben!

Unternehmen agieren heute in einem – durch Globalisierung, Digitalisierung, Dekarbonisierung geprägten – hochdynamischen Umfeld. Sie stehen vor der fortwährenden Herausforderung Strukturen zu schaffen und zu erhalten, die eine Balance zwischen Stabilität einer- und Agilität andererseits ermöglichen. Die Etablierung dieser Strukturen wird als Organisation bezeichnet.

Die Organisationsstruktur eines Unternehmens wird auf der Basis **formaler Regeln** (Abschnitte 5.1 und 5.2) aufgebaut. Diese richten das Verhalten der Mitarbeitenden auf die optimale Erreichung der Unternehmensziele aus. Neben diesen formalen Strukturen existieren in sozialen System immer auch **informelle Strukturen** (Abschnitt 5.3), die von der Unternehmenskultur, den Normen und Werten und dem Verhalten der Mitarbeitenden geprägt sind.

5.1 Die Aufbauorganisation

Die Aufbauorganisation ist das hierarchische Gerüst eines Unternehmens. Sie wird in Schritten entwickelt **Spezialisierung (Arbeitsteilung oder Arbeitsanalyse)** und **Konfiguration (Arbeitszusammenführung oder Arbeitssynthese)**.

Im ersten Schritt wird die Gesamtaufgabe eines Unternehmens in einzelne Teilaufgaben unterteilt. Dics wird so lange gemacht, bis die Teilaufgaben (einzelne Arbeitsschritte) nicht weiter zerlegbar sind. Ziel der nachfolgenden Aufgabensynthese ist die Zusammenfassung der Teilaufgaben zu betriebswirtschaftlich sinnvollen Aufgabenkomplexen, die in einem weiteren Schritt bestimmten Organisationseinheiten zugeordnet werden. Die kleinste Organisationseinheit ist die **Stelle**. Die zugehörige Stellenbeschreibung beschreibt deren konkrete Aufgaben und Verantwortlichkeiten.

Grundsätzlich unterscheidet man (Opresnik und Rennhak, 2014; Wöhe et al., 2020):

- **Ausführungsstellen**, d. h. Stellen der untersten Hierarchieebene eines Unternehmens ohne Weisungsbefugnisse gegenüber anderen Stellen.

- **Leitungsstellen** mit fachlicher und disziplinarischer Weisungsbefugnis. In der Regel ist einer Leitungsstelle eine Anzahl von Ausführungsstellen zugeordnet

- **Stabsstellen** zur Vorbereitung und Unterstützung. Sie besitzen keinerlei Leitungsbefugnis. Man spricht in diesem Kontext von nicht weisungsgebundener Führung (Opresnik und Rennhak, 2014)

Die Aufbauorganisation legt die **Leitungsgliederung** fest. Diese drückt sich in der Kontroll- und Leitungsspanne aus (Opresnik und Rennhak, 2014):

- Die **Kontrollspanne** legt fest, wie viele Mitarbeitende einer Führungskraft zugeordnet werden. Je größer die Kontrollspanne, desto umfangreicher die durch die Führungskraft zu erfüllenden Leitungsaufgabe.

- Die **Leitungstiefe** gibt die Anzahl der Führungsebenen an.

Von einer flachen Hierarchie spricht man, wenn es wenige Hierarchieebenen in einem Unternehmen gibt, d. h. eine geringe Leitungstiefe.

In diesem Fall haben Vorgesetzte in der Regel viele Mitarbeitende (d. h. eine größere Kontrollspanne). Bei einer tiefen Hierarchie gibt es dagegen mehr Hierarchieebenen in einem Unternehmen. In dieser Variante ist die Kontrollspanne entsprechend kleiner, d. h. Vorgesetzte führen weniger Mitarbeitende direkt.

In der Unternehmenspraxis zeigt sich ein **Trend hin zu flacheren Hierarchien**. Diese begünstigen eine schnellere Entscheidungsfindung und eine höhere Agilität. Sie sind grundsätzlich mit einem höheren Empowerment, sprich einer größeren Selbstständigkeit, der Mitarbeitenden assoziiert. Nachteilig wirkt sich hingegen die starke Belastung der Führungskräfte bei gleichzeitig eingeschränkten Möglichkeiten für Betreuung, Coaching und Steuerung der einzelnen Mitarbeitenden durch die großen Kontrollspannen aus. Zudem wird die vertikale Mobilität, d. h. die Möglichkeit zum Karriereaufstieg, schwieriger, da insgesamt weniger Leitungsstellen zur Verfügung stehen.

Die **Konfiguration** ist die Zusammenführung der Organisationseinheiten (Ausführungs-, Leitungs- und Stabsstellen) zu einem Netzwerk von Leistungsbeziehungen. Dieses wird schaubildartig in einem so genannten **Organigramm** dargestellt.

Die Konfiguration beantwortet im Wesentlichen die folgenden **beiden Fragen** (Wöhe et al., 2020; Opresnik und Rennhak, 2014):

- Wie werden die Organisationseinheiten vernetzt und dabei die Weisungsbefugnisse geregelt?
- Ist das Unternehmen funktional oder divisional organisiert?

Die Antwort auf diese Fragen liefert das **Leitungssystem** der Unternehmung. Hierfür gibt es die alternativen Organisationsformen Einliniensystem und Mehrliniensystem, Stablinienorganisation, Spartenorganisation und Matrixorganisation.

5.2 Organisationsformen

5.2.1 Ein- und Mehrliniensysteme

Im **Einliniensystem** ist eine Stelle nur jeweils einer einzigen Leitungsstelle unterstellt. Im **Mehrliniensystem** wiederum muss eine Stelle Anweisungen von mehreren übergeordneten Stellen akzeptieren (Wöhe et al., 2020).

Der wichtigste Vorteil des Einliniensystems besteht in der klar abgegrenzten Kompetenz, die für Klarheit, Einfachheit und Übersichtlichkeit sorgt (Opresnik und Rennhak, 2014). Dieses Leitungssystem impliziert auch eine einfache Steuerbarkeit und eindeutige Kommunikationsbeziehungen. Der Nachteil des Einliniensystems liegt in den langen Kommunikationswegen und der entsprechend starken Belastung der Zwischeninstanzen (Wöhe et al., 2020). Dies führt in der Regel zu geringerer Flexibilität und langsamerer Reaktionsgeschwindigkeit (Opresnik und Rennhak, 2014).

Der wichtigste Vorteil des Mehrliniensystems besteht in den relativ kurzen Informationswegen, die auch zu einer Entlastung der Leitungsstellen führen. Der größte Nachteil des Mehrliniensystems liegt dagegen in unklaren Kompetenzen und daraus resultierenden Verantwortlichkeitskonflikten (Opresnik und Rennhak, 2014).

Abbildung 5.1: Einlinien- und Mehrliniensystem als Organisationsformen

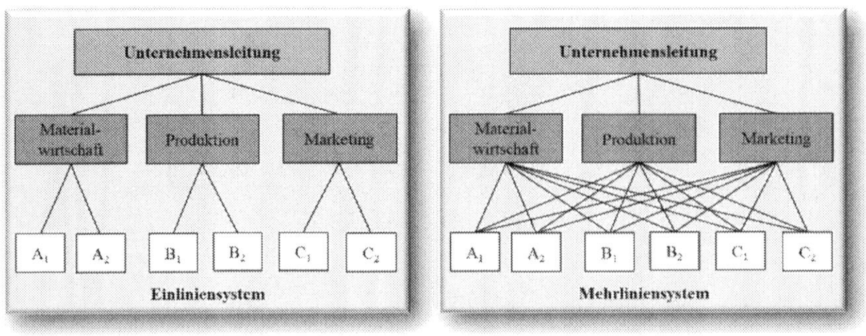

Quelle: in Anlehnung an Wöhe et al. 2020

5.2.2 Stablinienorganisation

Das **Stabliniensystem** versucht die Vorteile des Einliniensystems mit denen des Mehrliniensystems zu verbinden. Zentrales Gestaltungselement ist dabei die Einrichtung von Stabsstellen, die die Linieninstanzen entlasten sollen. Stabsstellen verfügen über keinerlei Weisungsbefugnis, sondern haben lediglich koordinierende bzw. beratende Funktion. Typische Stabstellen sind Planung, Berichtswesen, Rechnungswesen und die Personalabteilung.

Vorteil der Stablinienorganisation ist die klare Definition der Weisungsbefugnis bei gleichzeitiger Entlastung der Leitungsstellen. Nachteilig kann sich auswirken, dass sich Stäbe als Konkurrenz zur Linie entwickeln und sich die Weisungsbefugnis „ihrer" Leitungsstelle „borgen". Es können zudem Konflikte entstehen, wenn inhaltliche Vorschläge nicht umgesetzt werden und Mitarbeitende in den Stabsstellen aufgrund ihrer fehlenden Entscheidungskompetenz nicht anerkannt werden (Opresnik und Rennhak, 2014).

Abbildung 5.2: Stablinienorganisation mit Stabstellen

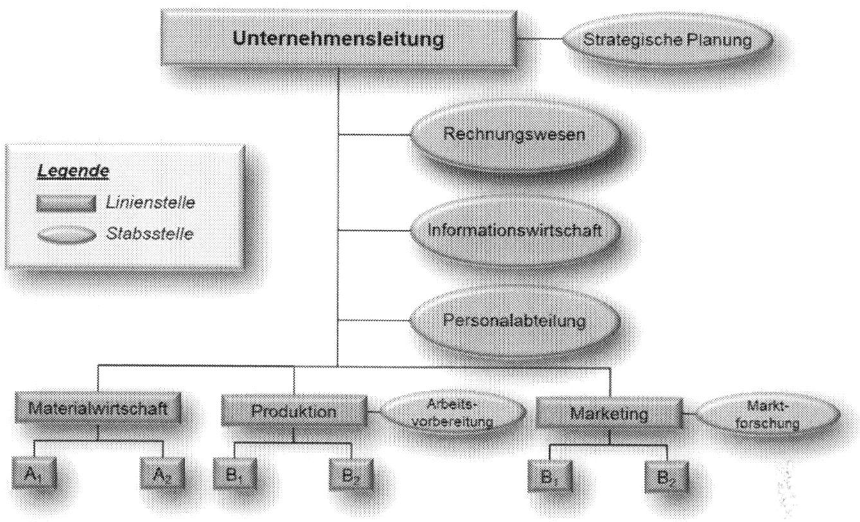

Quelle: in Anlehnung an Wöhe et al., 2020

5.2.3 Spartenorganisation

In einer **Spartenorganisation** wird ein Unternehmen in Tätigkeitsbereiche, eben so genannte Sparten (oder Divisionen) strukturiert. Unternehmen orientieren sich dabei in der Regel an ihren Produktgruppen, Absatzregionen oder Kundengruppen. Unterhalb der Spartenebene folgt der Aufbau häufig einer funktionalen Gliederung (Opresnik und Rennhak, 2014).

Diese Organisationsform ist vor allem für Unternehmen geeignet, deren Erfolg sehr stark vom jeweiligen **Strukturierungsmerkmal** abhängt:

- ist das Produkt-Know-how entscheidend, gliedert man nach Produktgruppen
- ist der regionale Fokus erfolgskritisch, orientiert man sich in der Organisationsstruktur an den Absatzregionen
- dominieren stark heterogene Kundegruppen (z. B. Standardmassenkunden vs. mittelständische Geschäftskunden vs. Key Accounts)

Abbildung 5.3.: Spartenorganisation nach Produkten

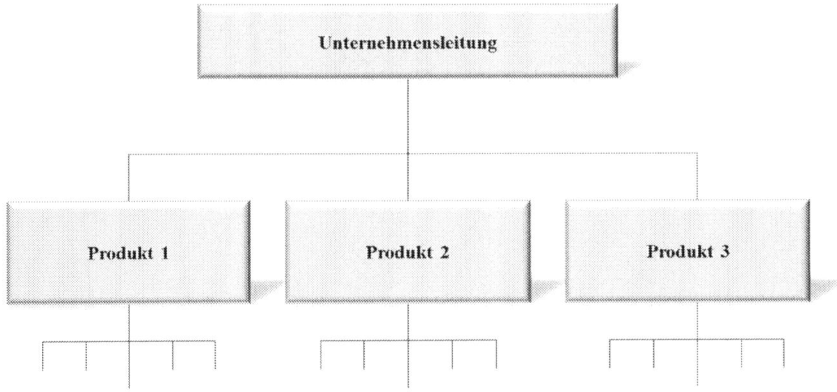

Quelle: in Anlehnung an Opresnik und Rennhak, 2014

Der entscheidende Vorteil der Spartenorganisation besteht in der **Dezentralisierung von Entscheidungs- und Kontrollprozessen** (Wöhe et al., 2020). Darüber hinaus ermöglicht die Strukturierung entlang des kritischen Erfolgsfaktors einen größeren Fokus auf eben diesen, d. h. kann das sich das Unternehmen bei einer Strukturierung entlang von Kundengruppen organisatorisch auf allen Ebenen exakt auf die jeweilige Kundengruppe einstellen und dadurch seinen Markterfolg ggfs. verbessern.

Als Nachteil stehen dem ein höherer Koordinierungsbedarf sowie ein hoher administrativer Aufwand zu Buche, da die funktionalen Einheiten auf der zweiten Ebene in der Regel für jede Sparte separat aufgebaut werden (Opresnik und Rennhak, 2014).

5.2.4 Matrixorganisation

Eine **Matrixorganisation** ist eine **Spezialform der Mehrlinienorganisation**, bei der zwei (oder mehr) unterschiedliche Gliederungsprinzipien (z. B. funktionale Gliederung und Spartengliederung oder mehrere Spartengliederungen) kombiniert werden. Insofern entsteht bei der Matrixorganisation eine Stelle (oder eine Organisationseinheit) im Schnittpunkt mehrerer Berichtslinien (Opresnik und Rennhak, 2014; Wöhe et al. 2020).

Abbildung 5.4.: Matrixorganisation nach Produkten und Abteilungen

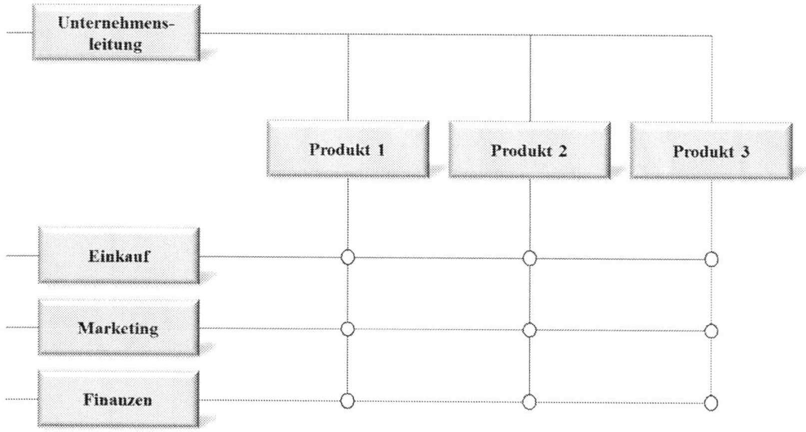

Quelle: in Anlehnung an Opresnik und Rennhak, 2014

Die **Vorteile** der Matrixorganisation sind mannigfaltig (Wöhe et al. 2020):

- Ausgewogenheit von Entscheidungen, da Funktions- und Spartenperspektive betrachtet werden. Dadurch wird Marktnähe und Flexibilität gewährleistet (Opresnik und Rennhak, 2014)
- kurze Kommunikationswege
- Entlastung der Unternehmensleitung.

Die **Nachteile** liegen in der ggfs. herausfordernden Abgrenzung der Kompetenzen zwischen den Linienverantwortlichen und den Konflikten sowie den hohen Koordinationsbedarfen (Opresnik und Rennhak, 2014).

5.3 Die Ablauforganisation

Eng verbunden mit der Aufbauorganisation ist die Ablauforganisation. Sie bedingen einander und ergänzen sich:

- die **Aufbauorganisation** legt fest, welche Aufgaben welchen Mitarbeitenden zugeordnet werden

- die **Ablauforganisation** ordnet die Aufgaben der verschiedenen Organisationseinheiten stellenübergreifende Arbeitsprozessen zu.

Ziel der Ablauforganisation ist somit die Optimierung der Arbeitsabläufe in ihrer zeitlichen und räumlichen Gestaltung. Ziel ist es dabei eine möglichst gleichmäßige Auslastung der vorhandenen Kapazitäten an Mitarbeitenden und Sachmitteln bei gleichzeitiger Minimierung der Durchlaufzeiten zu erreichen.

Die **Entstehung der Ablauforganisation** kann formal wieder in Arbeitsanalyse und Arbeitssynthese unterteilt werden:

- Ziel der **Arbeitsanalyse** ist es, einen Überblick der Arbeitsschritte zu erlangen, die in einer bestimmten Aufgabe enthalten sind (Junge, 2012).

- Die **Arbeitssynthese** fasst dann die einzelnen Elemente räumlich, zeitlich und personell zu effizienten Arbeitsschritte und -abfolgen (Prozessen) zusammen (Opresnik und Rennhak, 2014).

5.4 Informelle Organisationsstrukturen

Die informelle Organisationsstruktur bezeichnet alles, was in einer Organisation neben der formalen Aufbau- und Ablauforganisation besteht und sich nur schwer in einem Organigramm darstellen lässt, wie z. B. typische Handlungsweisen, und Routinen der Organisationsmitglieder. Diese geübten Praktiken entstehen im Prozess der Sozialisation der Organisationsmitglieder und entwickeln sich mit der Zeit zu gemeinsamen Wahrnehmungs- und Verhaltensmustern. Diese informelle Seite existiert in allen Organisationen und ist für das Handeln und Miteinander der Mitarbeitenden prägend.

In vielen Organisationen sind die informellen Strukturen bedeutsamer als die formalen; extern rekrutierte Führungskräfte, die die informellen Strukturen ignorieren, sind häufig zum Scheitern verurteilt.

Eng verbunden mit dem Konzept der informellen Organisationsstruktur ist der Begriff der „**Unternehmenskultur**“: angelehnt an die Vorstellung, dass

Gesellschaften oder gesellschaftliche Gruppen, Regionen oder ganze Nationen in einer bestimmten Kultur leben, betrachtet man informelle Organisationsstrukturen als eine Art Kultur.

Eine **ausgeprägte Unternehmenskultur ist sinnstiftend** und verschafft den Mitarbeitenden in komplexen Situation des Unternehmensalltags Orientierung. Sie erleichtert den Organisationsmitgliedern – nicht zuletzt durch die Etablierung organisationsinterner Sprachcodes und Abkürzungen – die Kommunikation untereinander. Beides zusammen führt zu einer schnelleren Entscheidungsfindung. Der Kontrollaufwand sinkt – Vereinbarungen werden als positiv wahrgenommen und verstärken das Gemeinschaftsgefühl. Abweichendes Verhalten wird sanktioniert. Eine ausgeprägte Unternehmenskultur erhöht die intrinsische Bereitschaft, sich für das Unternehmen zu engagieren. Dies stabilisiert wiederum das Gesamtsystem „Unternehmung".

Hieraus ergeben sich zwangsläufig als „Kehrseite der Medaille" zugleich **Nachteile einer starken Unternehmenskultur**:

- Die Stabilisierungswirkung einer starken Unternehmenskultur reduziert die Agilität des Unternehmens in einer zunehmend dynamischen und komplexen Unternehmensumwelt. Die Unternehmung ist weniger offen für Innovation und Veränderung.
- Eine ausgeprägte Unternehmenskultur reduziert die Sensitivität für negative Entwicklungen und die kritische Selbstreflexion. Konformität mit dem Status Quo wird belohnt.
- Ausgeprägte Unternehmenskulturen priorisieren Stabilität und Sicherheit und leisten Widerstand gegen (notwendige) Veränderungen
- Ausgeprägte Unternehmenskulturen priorisieren Stabilität und Sicherheit und leisten Widerstand gegen (notwendige) Veränderungen.

6. Materialwirtschaft und Beschaffung: Der Einkauf des Unternehmens muss geplant sein

Aufgabe der Materialwirtschaft ist es, durch die **Optimierung von Beschaffung und Logistik** die Versorgung mit den erforderlichen Gütern (z. B. Werkstoffe, Vorprodukte, Fertigwaren) für alle Unternehmensbereiche und die Kundschaft zu sichern.

6.1 Materialanalyse: Was wird eigentlich gebraucht?

Die in der Produktion als Produktionsfaktor eingehenden Werkstoffe werden in **Roh-, Hilfs- und Betriebsstoffe** unterteilt (Opresnik und Rennhak, 2014):

- **Rohstoffe** sind Materialien, die direkt in das zu fertigende Produkt eingehen und dessen Hauptkomponente bilden (Wöhe et al., 2020).

- **Hilfsstoffe** werden ebenfalls in das zu fertigende Produkt direkt eingearbeitet, erfüllen aber im Unterschied zu den Rohstoffen nur eine unterstützende Funktion, da ihr Anteil mengenmäßig und/oder wertmäßig klein ist (Wöhe et al., 2020).

- **Betriebsstoffe** sind nicht selbst Teil des Endprodukts, sondern werden direkt oder indirekt bei der Herstellung des Produkts verbraucht (Wöhe et al., 2020). Dazu gehören alle Güter, die den Produktionsprozess möglich machen und ihn in Bewegung halten (CIRP, 2020).

Abbildung 6.1.: Materialbedarfsplanung anhand von Absatzmarktprognosen

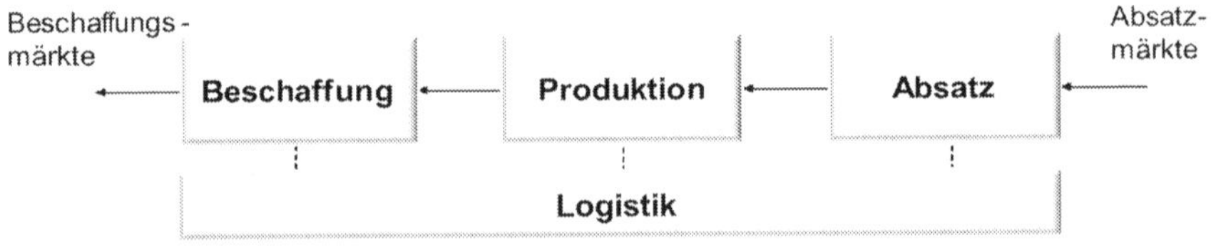

Quelle: Opresnik und Rennhak, 2014

Wie viele Roh-, Hilfs- und Betriebsstoffe werden benötigt? Unternehmen drehen in ihren Planungen die Wertschöpfungskette und planen auf Basis der **Absatzprognose** zunächst, wie viele Endprodukte verkauft werden sollen. Der **Materialbedarf** kann dann aus der **Herstellungsplanung** abgeleitet werden. Subtrahiert man vom Gesamtbedarf den Bestand an vorhandenen Materialien, erhält man den **Nettobedarf**, der beschafft werden muss (Opresnik und Rennhak, 2014).

6.2 Ziele der Materialwirtschaft

Die Ziele der Materialwirtschaft ergeben sich aus den übergeordneten Unternehmenszielen. Die Materialwirtschaft will insbesondere folgende **Ziele** adressieren (Opresnik und Rennhak, 2014):

- **Qualitätsziele:** Die Materialwirtschaft will nicht nur die Materialkosten minimieren, sondern will simultan sicherstellen, dass alle beschafften Materialien die benötigte Qualität aufweisen.

- **Kostenziele:** Einsparung in der Beschaffung wirken sich unmittelbar auf den Unternehmenserfolg aus. Die zentrale Frage lautet daher: Wie können Kosten an dieser Stelle minimiert werden?

- **Sicherheitsziele**: Die strikte Einhaltung der vereinbarten Termine ist für den reibungslosen Produktionsablauf (Stichworte: just in time) und der zuverlässigen Belieferung der Kundschaft und damit für die Vermeidung von sogenannten Fehlmengenkosten kritisch. Fehlmengenkosten entstehen durch Produktionsverzögerungen oder gar –stillstand, teurere Ersatzbeschaffungen, Konventionalstrafen oder Stornierungen.

- **Liquiditätsziele**: Eine Zielsetzung der Materialwirtschaft ist weiterhin die Sicherstellung der Unternehmensliquidität.

6.2.1 Kostenoptimierung in der Materialwirtschaft

Zentrale Fragestellung in der Materialwirtschaft ist die Kostenoptimierung.

Im Zentrum der entsprechenden Überlegungen steht dabei die **Optimierung der Bestellmenge** (Opresnik und Rennhak, 2014):

- Die **Vorteile großer Bestellmengen** bestehen in der Erzielung von Mengenrabatten, der ausreichenden Verfügbarkeit der beschafften Materialien (Pufferbestände) und der Reduktion der bestellfixen Kosten (z. B. für Abwicklung, Transport), die fixen Kosten der Bestellung verkleinert werden können (z. B. die Transportkosten werden auf eine größere Anzahl verteilt).

- Die **Nachteile großer Bestellmengen** bestehen in hohen Lagerkosten, hoher Kapitalbindung und geringerer Flexibilität (z. B. zeitnahe Reaktion auf geändertes Kundenverhalten)

Im leichtesten Fall optimieren Unternehmen ihre Bestellmengen mittels der so genannten **ABC-Analyse**. Die Grundlage dieses Ansatzes bildet die Einteilung von Materialien in teure (A-Teile), mittelteure (B-Teile) und billige (C-Teile) (Opresnik und Rennhak, 2014; Vahs und Schäfer-Kunz, 2015):

- Die **A-Teile** machen normalerweise nur 10-20 Prozent aller Posten aus, binden aber am meisten Kapital (70-80 Prozent).

- Die **B-Teile** machen weitere 30-40 Prozent der gesamten Anzahl der Bestandteile aus und binden dabei ca. 20 Prozent des Kapitals.

- Die **C-Teile** 40-60 Prozent aller Bestandteile aus und binden weniger als 10 Prozent des Kapitals.

Die Aufgabe des Unternehmens ist es, die Materialien korrekt zu klassifizieren. Für A-Teile gilt es, die Beschaffung exakt zu planen, d. h., ihren Lagerbestand durch eine genauere Disposition zu steuern: Sie sollen nur bestellt werden, wenn sie benötigt werden (Opresnik und Rennhak, 2014). Die Bestandteile werden genau dann geliefert, wenn Bedarf besteht (**Just in Time**) (Lück, 2015). Lieferanten für A-Teile werden sorgfältig ausgewählt. Die Verhandlungsbemühungen der Einkaufsabteilungen konzentrieren sich darauf, eine Senkung der Einkaufspreise zu realisieren.

Abbildung 6.2.: ABC-Materialanalyse

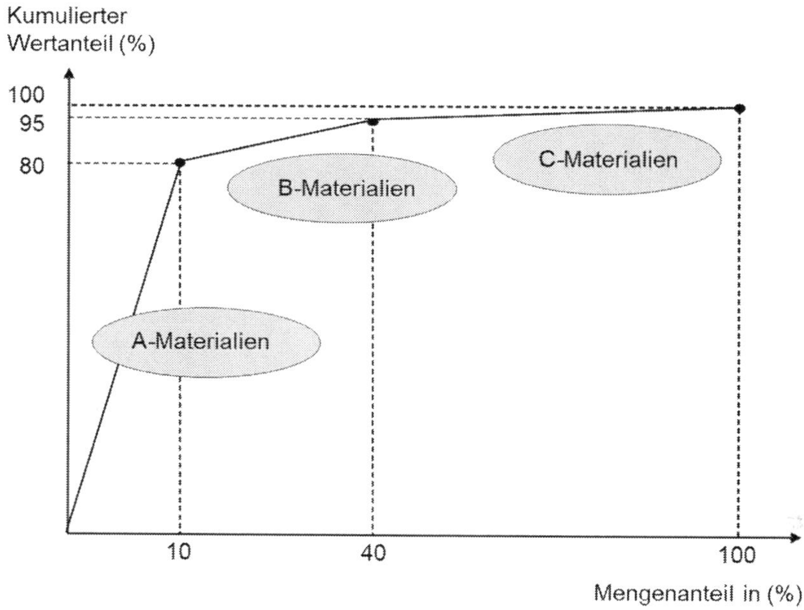

Quelle: in Anlehnung an Opresnik und Rennhak, 2014

Für die Beschaffung von A-Teilen bedienen sich viele Unternehmen des so genannten **Multiple Sourcing**, d. h., diese. Teile werden immer von mehreren Zulieferunternehmen parallel bezogen werden. Dies ermöglicht es – neben größerer Sicherheit bei Lieferengpässen – Preise und Qualitäten besser zu vergleichen und so die eigene Verhandlungsposition zu stären.

Alternativ besteht beim **Single Sourcing-Ansatz** eine Lieferbeziehung zu nur einem „exklusiven" Zulieferunternehmen. Der Vorteil dieses Ansatzes besteht in der möglichen Realisierung von Mengenrabatten.

6.2.2 Make or Buy: Was fertigt man selbst und was wird gekauft?

Unternehmen müssen sich entscheiden, ihre Wertschöpfung entweder vollständig selbst auszuführen oder Teile davon auszulagern (**Eigenfertigung**

vs. Fremdbezug bzw. **Make or Buy**). Letzteres ist dann sinnvoll, wenn andere Unternehmen bestimmte Schritte in der Wertschöpfung kostengünstiger gestalten können als das eigene Unternehmen und diesen keine besondere strategische Bedeutung zukommt (z. B. Schutz von kritischem Know-how oder Differenzierung im Wettbewerb). Man spricht hier von „**Outsourcing**". Beim Bezug aus dem Ausland von „**Offshoring**" (beim Bezug aus nicht allzu fernen Ländern von „**Near-Shoring**")

Neben eventuellen **absoluten Kostenvorteilen**, die das Outsourcing aufgrund von möglichen Standortvorteilen, Skalen- oder Erfahrungskurveneffekten mit sich bringt, gelingt dadurch auch eine **Flexibilisierung der Kostenstrukturen**: vormals fixe Kosten (z. B. für eigene Anlagen, eigenes Personal) werden zu variablen Kosten (z. B. Materialkosten).

Weitere **Gründe für einen Fremdbezug** sind (Opresnik und Rennhak, 2014):

- Der Zulieferbetrieb verfügt bei der Erstellung der Leistungen über einen großen Kompetenz-Vorsprung, der sich ggfs. neben geringeren Kosten auch in einer höheren Qualität manifestiert.
- Mit einer Eigenfertigung wären hohe Investitionen verbunden.
- Die eigenen Produktionskapazitäten sind gänzlich ausgelastet.

Nachteile ergeben sich aus dem Outsourcing jedoch durch potenzielle **Imageschäden**, wenn die Outsourcing-Unternehmen z. B. nicht in identischer Qualität produziert oder das Unternehmen durch Personalabbau negativ in der Öffentlichkeit diskutiert wird. Outsourcing erhöht die **Komplexität der unternehmerischen Abläufe**, da Prozesse nicht mehr nur unternehmensintern (mit entsprechenden Durchgriffsmöglichkeiten) abgebildet werden.

Aktivitäten, die das Unternehmen selbst besser erbringen kann und aus denen es strategische Vorteile zieht, gehören zu den **Kernkompetenzen**. Hier verbietet sich eine Fremdvergabe.

Weitere **Gründe für eine Eigenfertigung** sind (Opresnik und Rennhak, 2014):

- Unterauslastung eigener Produktionskapazitäten

- Eigene Kostenvorteile z. B. aufgrund von Skaleneffekten und/oder Erfahrungskurveneffekten
- Vermeidung von Transaktionskosten/Überwachungskosten bei einer Beschaffung der benötigten Güter bei den Zulieferbetrieben
- Vermeidung von Liefer- und Transportzeiten
- Reduktion der Abhängigkeit von den Zulieferbetrieben
- Sicherung erfolgskritischen Know-hows

Die Fertigungstiefe bezeichnet den Anteil an der Gesamtwertschöpfung, den das Unternehmen selbst abdeckt.

Dieser Anteil ist im Zuge der durch die Globalisierung getriebenen Vernetzung von Wertschöpfungsketten in vielen Branchen deutlich gesunken.

6.3 Logistik: Wie kommt welches Material wohin?

Die **Materialwirtschaft** der Unternehmung muss gewährleisten, dass alle Materialien und Güter im richtigen Zustand zur richtigen Zeit am richtigen Bedarfsort verfügbar sind. Diejenigen Funktionen, die dieses Ziel verfolgen, werden unter dem Begriff „**Logistik**" subsummiert (Opresnik und Rennhak, 2014). Dabei ist Logistik mehr als die bloße Material- oder Warenwirtschaft. Sie ist eine Managementfunktion, die entlang der gesamten Wertschöpfungskette den Material- und Informationsfluss plant, steuert und kontrolliert. Häufig wird hierfür auch der Begriff „**Supply Chain Management**" verwendet.

Abbildung 6.3.: Logistik als Managementfunktion

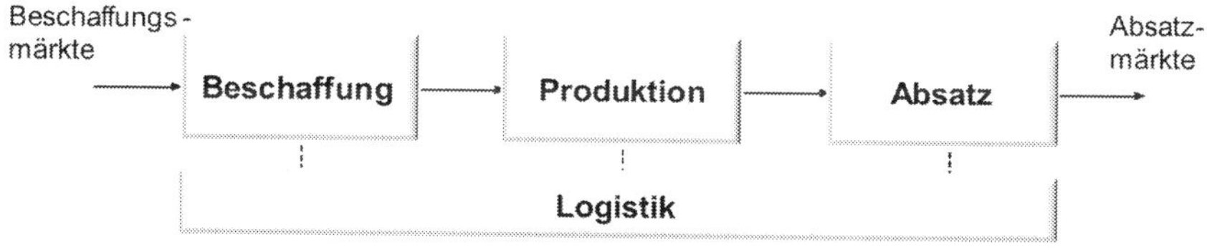

Quelle: in Anlehnung an Opresnik und Rennhak, 2014

Die Logistik muss eine optimale Balance zwischen sich widersprechenden Zielen gewährleisten und dabei den Material- und Informationsfluss funktions- und unternehmensübergreifend zu optimieren (Opresnik und Rennhak, 2014):

- Die kundenseitigen Unternehmensfunktionen wünschen eine **jederzeitige Lieferfähigkeit** und eine **Flexibilität der Warenbestände**.

- Diese Ziele stehen im Widerspruch zu denen in der Produktion und der Beschaffung – niedrige Kosten durch **große Bestellmengen und Fertigungslosgrößen**.

Die **Aktivitäten im Bereich Logistik** lassen sich unterschieden in:

- Die **Beschaffungslogistik** sorgt dafür, dass die eingekauften Materialien (Werkstoffe, Waren etc.) dem Unternehmen geliefert werden, wo sie weiterverarbeitet werden.

- Die **Produktionslogistik** steuert den internen Transport innerhalb der verschiedenen Produktionsstufen und -standorte.

- Die **Distributionslogistik** optimiert den Warenfluss zu den Verkaufsstätten bzw. zur Endkundschaft und auch etwaige Retouren.

Die Logistik bildet somit eine **Querschnittsleistung** zu den anderen Unternehmensfunktionen (z. B. Einkauf, Verwaltung, Produktion, Absatz) und steuert den kompletten Materialfluss. Sie umfasst dabei auch Tätigkeiten wie die Warenprüfung sowie Verpackung und Lagerung der Waren.

Wichtige Entscheidungen im Rahmen der **Transportoptimierung** sind:

- die Wahl des Transportmittels (z. B. Schiene, See- oder Luftweg),
- die Wahl des Transportweges bzw. die Routenplanung,
- die Wahl des Speditionsunternehmens (dazu gehört auch wieder die Make- or-Buy-Entscheidung).

7. Produktion: Auf los geht`s los

Mit „Produktion" wird der Transformationsprozess von Werkstoffen, Vorprodukten und weiteren Ressourcen (Inputs, Produktionsfaktoren) in Güter und Dienstleistungen (Outputs) bezeichnet.

Sie bildet als „**Throughput**" in der betrieblichen Wertschöpfungskette die Verbindung zwischen der Beschaffung einer- und dem Absatz andererseits.

Abbildung 7.1.: Der Transformationsprozess von Produktionsfaktoren in Güter und Dienstleistungen

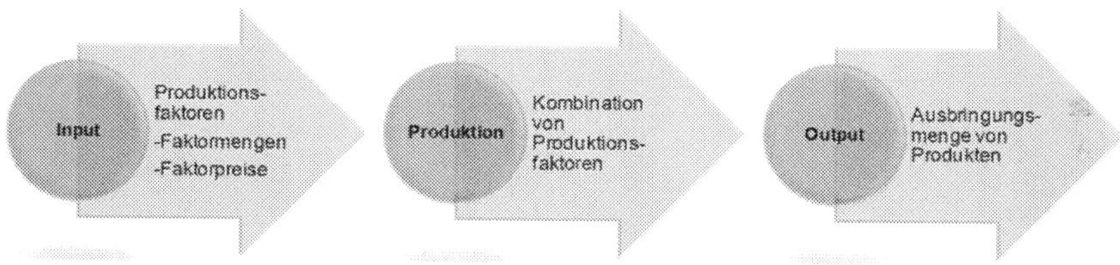

Quelle: in Anlehnung an Opresnik und Rennhak, 2014

Beim Wort „Produktion" ist zunächst die Assoziation mit einem Industrieunternehmen naheliegend. Der Produktionsbegriff wird aber weiter gefasst: man subsummiert hierunter auch die Transformation von Produktionsressourcen in Dienstleistungen. Dies ist insbesondere deshalb relevant, weil in den meisten Industrieländern die Produktion von Dienstleistungen weit bedeutender ist als die von physischen Waren.

Ziel der Produktionswirtschaft ist es, den Transformationsprozess von Inputs zu Outputs möglichst effizient und effektiv zu gestalten:

- **Effizienz** bedeutet, dass die Produktion nur ein Minimum an Inputs zur Erzielung eines gegebenen Outputs verwendet. Dies wird durch die Wahl der optimalen Produktionsmethode und die Anwendung von Managementansätzen realisiert, die Kostenminimierung und Vermeidung jeglicher Verschwendung sicherstellen.

- **Effektivität** bedeutet, dass das die Produktion mit vorgegebenen Inputs ein Maximum an Output erreicht. Was dabei unter „Maximum" zu verstehen ist, wird kundenseitig bestimmt. Neben einer Maximierung der Output-Menge ist hier die Optimierung der Output-Qualität (und in der Konsequenz z. B. die Maximierung der Kundenzufriedenheit) als Ziel denkbar.

Um das **Ziel der Produktionsoptimierung** zu realisieren, versucht man zuerst, den funktionalen Zusammenhang zwischen der Menge der verwendeten Produktionsfaktoren und der erzeugten Produktionsmenge zu ermitteln (Wöhe et al., 2020). Die Zielsetzung der Produktion entspricht dabei in vielen Aspekten denen der Materialwirtschaft: grundsätzlich geht es darum Kosten-, Zeit-, Ergebnis- und Flexibilitätsziele zu erreichen (Opresnik und Rennhak, 2014). Im Detail will man Herstellkosten senken, Termintreue gewährleisten, Quantität und Qualität der Produktion sicherstellen sowie Produktions- sowie Lieferflexibilität optimieren.

7.1 Produktionsformen

Die verschiedenen Produktionsformen unterschieden sich (Corsten, 1996)

- je nach **Losgröße**, d. h. der Anzahl an gleichen Erzeugnissen, die nacheinander produziert werden, und

- in Abhängigkeit davon, ob eine **Umrüstung der Betriebsmittel** auf neue Produktionsserien notwendig ist (Opresnik und Rennhak, 2014).

Anhand dieser Kriterien unterscheidet man in Einzelproduktion, Serienproduktion und Massenproduktion:

- Die **Einzelproduktion** ist geeignet, wenn von einem Produkt nur Einzelstücke (oder ganz wenige Einheiten) individuell hergestellt werden. In der Regel kommt sie zum Einsatz, wenn **kundenindividuelle Erzeugnisse** produziert werden sollen. Dabei werden die

Betriebsmittel nach jedem Los für das nächste Los umgerüstet. Erfolgskritisch ist hier die vielseitige Verwendbarkeit der zur Anwendung kommenden Betriebsmittel (Opresnik und Rennhak, 2014). Die Qualität ist in der Einzelfertigung meist besonders hoch und es kann individuelle Kundenwünsche nachgekommen werden. Für das beteiligte Personal ist die Arbeit in der Regel sehr erfüllend, da sie nur minimal arbeitsteilig ist. Als nachteilig ist festzuhalten, dass Skaleneffekte nicht realisierbar sind und die **Produktionskosten** durch die hohe Arbeitsintensität relativ hoch sind.

- Die **Serienproduktion** ist eine Mehrfachproduktion, d. h. es werden mehrere Einheiten hergestellt. Bei der **reinen Serienfertigung** werden mehrere Einheiten des gleichen Erzeugnisses produziert. Bei der **Sortenfertigung** werden verschiedene Produkte in mehreren Einheiten auf identischen Anlagen hergestellt (Opresnik und Rennhak, 2014). Die Losgröße wird vor dem Produktionsbeginn festgelegt. Man unterscheidet zwischen Klein- und Großserien. Nach Beendigung einer Produktionsserie werden die Betriebsmittel meist auf eine neue Fertigungsreihe umgestellt. Typischerweise werden mittels Serienfertigung standardisierte Erzeugnisse mit kundenspezifischen Merkmalen gefertigt (Opresnik und Rennhak, 2014). Die Mengenvorteile und Automatisierungspotenziale sorgen für – im Vergleich zur Einzelproduktion – niedrigere Produktionskosten (wenngleich Lagerkosten und Kosten der Kapitalbindung steigen), gleichzeitig sind verschiedene Erzeugnisvarianten möglich. Nachteilig wirkt sich die stärkere Standardisierung und Automatisierung auf die Motivation des Personals aus. Der Planungsaufwand steigt gegenüber der Einzelproduktion.

- In der **Massenfertigung** wird eine große Menge eines - meist sehr genormten und einheitlichen - Produktes über einen längeren Zeitraum hergestellt (Opresnik und Rennhak, 2014). Unternehmen nutzen hier die großen Mengenvorteile und Automatisierungspotenziale, um sehr geringe Produktionskosten bei hohen Volumina zu realisieren. Nachteilig können sich die hohen Investitionen in die Produktionsanlagen auswirken, wenn diese nicht ausreichend ausgelastet sind. Zudem ist das Unternehmen wenig flexibel um z. B.

notwendige Änderungen im Produktdesign rasch umzusetzen. Hohe Lagerbestände führen zu entsprechender Kapitalbindung.

- Die **kundenindividuelle Massenfertigung (mass customization)** verbindet die Massenfertigung mit der kundenspezifischen Individualisierung von Produkten. Die o.g. Vorteile der Massenproduktion wie Skaleneffekte, Erfahrungskurvenvorteil und Automatisierung bleiben dabei erhalten; gleichzeitig werden die Vorteile der kundenspezifischen Einzelfertigung realisiert.

7.2 Organisation der Produktion

Der Organisationstyp der Produktion legt die räumliche Anordnung der Fertigungsanlagen bzw. Betriebsmittel und Arbeitsplätze zu technischen Einheiten fest (Junge, 2012).

Prinzipiell unterscheidet man dabei **vier Organisationstypen** (Opresnik und Rennhak, 2014; Corsten, 1996):

- Die **Punktfertigung** ist dadurch gekennzeichnet, dass das Erzeugnis unbeweglich ist. Dies führt dazu, dass alle zur Produktion benötigten Betriebsmittel am Ort des Erzeugnisses zusammengeführt werden (Opresnik und Rennhak, 2014).

- Bei der **Werkstattfertigung** werden gleichartige Fertigungsanlagen bzw. Betriebsmittel räumlich und organisatorisch zu sogenannten Werkstätten zusammengefasst (Opresnik und Rennhak, 2014). Im Produktionsprozess durchlaufen die Erzeugnisse dann Schritt für Schritt die einzelnen Werkstätten eines Unternehmens. Dies führt zu einer hohen Flexibilität, die allerdings einen entsprechenden Koordinationsaufwand mit sich bringt. Die Werkstattfertigung ist für die Einzel- und Serienfertigung gut geeignet und zeichnet sich durch eine hohe Produktflexibilität aus, da spezielle Wünsche der Kundschaft relativ einfach realisierbar sind (Opresnik und Rennhak, 2014). Demgegenüber ergibt sich der Nachteil, dass eine kontinuierliche Auslastung aller Werkstätten in der Praxis nicht realisierbar ist bzw. Zwischenerzeugnisse „Schlange stehen“.

- Bei der **Fließfertigung** durchlaufen die Erzeugnisse nacheinander angeordnete unbewegliche gleichartige Fertigungsanlagen bzw. Betriebsmittel, die z. B. über Fließbänder mit einander verbunden sind. Die Anordnung der Fertigungsanlagen bzw. Betriebsmittel ist so gestaltet, dass die notwendigen Arbeitsgänge unmittelbar aufeinanderfolgen. Der gesamte Fertigungsprozess ist dabei in relativ kleinteilige einzelne Arbeitsschritte aufgeteilt. Die Zeit, die zur Ausführung eines einzelnen Arbeitsschritts vorgesehen ist, wird Taktzeit genannt. Die heute aus Gründen der Arbeitsmotivation und der starken physischen und psychischen Belastung des Personals kritisch diskutierten Fließfertigung wird zur Produktion großer Mengen gleichartiger eingesetzt. Die hohe Produktivität geht jedoch mit einer geringen Flexibilität im Hinblick auf die produzierbaren Erzeugnistypen einher. Nachteilig wirken sich der Stillstand der gesamten Produktion bei einzelnen Störungen und die Starrheit des Produktionssystems aus, die keine Änderungen der Bearbeitungsvorgänge und Reihenfolge ermöglicht (Opresnik und Rennhak, 2014).

- Die **Gruppenfertigung** kombiniert Werkstatt- und Fließfertigung. Man bezeichnet sich häufig auch als Inselfertigung. Bei dieser Art der Fertigung werden innerhalb von Funktionsgruppen Fertigungsanlagen bzw. Betriebsmittel und Arbeitsplätze in Reihenfolge der Bearbeitungsschritte zu so genannten Produktionsinseln zusammengefasst. Da unterschiedliche Produktgruppen verschiedene Inseln durchlaufen können, werden auf diese Weise die Flexibilitätsvorteile der Werkstattfertigung mit den Produktivitätsvorteilen der Fließfertigung kombiniert (Opresnik und Rennhak, 2014). Dies geht mit einer Reihe von Vorteilen einher: die Gruppenfertigung ist sehr flexibel. Mitarbeitende können ihre Arbeitsplätze in gewissen Grenzen selbst einteilen und tauschen. Dadurch steigen deren Eigenverantwortlichkeit und Motivation. Qualitäts- und Kostensenkungsprobleme können entsprechend besser gelöst werden. Als nachteilig erweisen sich höhere Qualifikationsbedarfe bei den Mitarbeitenden und ein im Vergleich mit den anderen Organisationstypen relativ großer Koordinationsbedarf (Opresnik und Rennhak, 2014).

7.3 Managementmethoden zur Steigerung der Effizienz

Unternehmen sind darauf angewiesen, den Produktionsprozess maximal effizient zu gestalten – unabhängig davon, ob sie sich in einem Kostenwettbewerb befinden oder der Fokus darauf liegt, die sich laufend ändernden Kundenbedürfnisse flexibel zu bedienen. Hierzu bedienen sich Führungskräfte bewährter Methoden. Die bekannteste ist sicher die Methode der **Lean Production**.

Dieses Konzept zielt auf die **Steigerung der Effizienz durch eine Kombination von**

- Verringerung der Fertigungstiefe,
- Outsourcing,
- Reduktion des Personaleinsatzes sowie
- Sicherstellung flacher Hierarchien.

Der zeiteffiziente Einsatz der Produktionsfaktoren wird durch die Methode des **Time Based Management** unterstützt. Diese Methode konzentriert sich auf die Bedeutung des Zeitfaktors für die Effizienz der Produktion: in einem sich rasch ändernden Umfeld verschaffen sich maximal agile Unternehmen Vorteile, die besonders schnell auf sich verändernde Marktbedingungen, Wettbewerbsverhältnisse und Kundenbedürfnisse reagieren können. Erfolgskritisch ist dabei, dass sich sowohl Personal als auch Fertigungsanlagen bzw. Betriebsmittel flexibel auf die neue Situation einstellen.

Wichtige **Bausteine des Konzepts** bilden die folgenden Überlegungen:

- Die Produktion wird erst bei Vorliegen konkreter Kundenaufträge angestoßen; vorgelagerte Produktionsschritte werden erst bei konkretem Bedarf auf nachgelagerten Stufen angestoßen („Kanban“)
- Das Unternehmen nutzt modularc aufgebaute Produkte („Baukasten-System“), die ggfs. schnell re-konfiguriert werden können
- Die Zulieferbetriebe werden eng in die Produktionsprozesse eingebunden; es findet ein enger Datenaustausch statt
- Das Personal ist in flexiblen Teams organisiert
- Ein kontinuierlicher Verbesserungsansatz („Kaizen“) ist implementiert.

Aktuell wird unter den Schlagworten „**Internet of Things**" bzw. „**Industrie 4.0**" die **Optimierung der Wertschöpfungsstrukturen durch durchgehende Vernetzung/Digitalisierung** diskutiert: Die Wertschöpfungskette eines Unternehmens soll in Echtzeit vernetzt werden. Fertigungsanlagen bzw. Betriebsmittel und Produkte sollen im Sinne eines flexiblen Fertigungssystems miteinander mittels RFID-Funkchips „kommunizieren": die bei der Kundschaft installierten Geräte nehmen Informationen über Ersatzbedarfe auf und stoßen Produktionsaufträge an (Wöhe et al., 2020).

7.4 Total Quality Management

Im Produktionskontext bedeutet Qualität, dass ein Unternehmen kontinuierlich fehlerfreie Produkte herstellt, die genau den rechtlichen Normen und sonstigen Vorschiften entsprechen. Die Qualitätsbetrachtung ist somit einerseits eng mit dem Konzept der **Effizienz** verknüpft: Ausschuss verursacht zusätzlich Kosten und reduziert so die Effizienz. Andererseits ergibt sich ein klarer Anknüpfungspunkt zu **Effektivität**überlegungen: fehlerfreie Produkte sind kundenseitig geschätzt und verschafft dem Unternehmen Image- und Loyalitätsvorteile. Der fortwährende Wunsch der Kundschaft nach maximaler Qualität bei gleichzeitig niedrigem Preis sorgt für die Bedeutung von **Qualitätssicherungssystemen** wie dem **Total Quality Management (TQM)**. Im Kern dieses Konzepts steht das permanente Unterfangen die Qualität der Produkte durch die Beseitigung aller Produktionsfehler zu optimieren.

Die **Begrifflichkeit** lässt sich wie folgt erklären:

- **Total**: Alles im Unternehmen ist für die Qualität bedeutsam (Personal, Führungskräfte, Prozesse, Fertigungsanalgen bzw. Betriebsmittel).

- **Quality**: Alles ist den Anforderungen der Kundschaft unterzuordnen. Der Qualitätsanspruch bestimmt sich durch die Zufriedenheit der Kundschaft.

- **Management:** Qualität kann und muss gezielt gemessen, gesteuert und entwickelt werden: Leistungsdaten sind fortlaufend zu erheben und an das gesamte Personal zu kommunizieren.

8. Marketing: Mehr als nur Werbung

8.1 Grundlagen der marktorientierten Unternehmensführung

Was ist eigentlich Marketing? Viele Leute denken bei Marketing nur an Verkauf und Werbung! Jeden Tag werden wir mit Werbespots, Flyern, Katalogen, Verkaufsgesprächen und kommerziellen E-Mails bombardiert. Verkauf und Werbung sind jedoch nur ein Element des Marketings. Marketing muss heute nicht im alten Sinn eines Verkaufs verstanden werden, sondern in einem zeitgemäßen und ganzheitlichen Sinne, um Kundenbedürfnisse zu befriedigen. Kotler, Armstrong und Opresnik (2016) definieren Marketing als gesellschaftlichen und unternehmerischen Prozess, durch den Individuen und Organisationen bekommen, was sie brauchen und wollen, indem sie Werte mit anderen schaffen und austauschen.

Um es auf den Punkt zu bringen: Marketing ist das Erreichen von Unternehmenszielen, indem Anforderungen und Erwartungen der Kundschaft besser erfüllt und übertroffen werden als der Wettbewerb.

Oft wird Marketing mit „Werbung" oder „Absatz" gleichgesetzt, was suggeriert, dass es nur um das Verkaufen von Produkten bzw. Dienstleistungen geht. Im Rahmen dieses als **Verkaufskonzept** bezeichneten sehen Unternehmen aggressives Verkaufen, Werbung und Verkaufsförderung als Mittel, um in den Markt einzudringen. Aber **Verkaufen ist kein Marketing**, sondern kann genau das Gegenteil sein, wie *Theodore Levitt* erläutert: „Der Verkauf versucht, den Kunden dazu zu bringen, das zu wollen, was das Unternehmen hat, wohingegen das Marketing versucht, das Unternehmen dazu zu bringen, das zu produzieren, was der Kunde will." Der aggressive Verkauf konzentriert sich eher auf die Schaffung von Verkaufstransaktionen als auf den Aufbau langfristiger, profitabler Beziehungen zur Kundschaft (Hollensen und Opresnik, 2020).

Das **Marketingkonzept** ist durch eine **Outside-In-Perspektive** charakterisiert und konzentriert sich auf die Bedürfnisse und Wünsche der Kundschaft und integriert alle Marketingaktivitäten, die Kundschaft betreffen. Im Gegensatz zum Verkaufskonzept erzielt es Gewinne in erster Linie nicht durch den Verkauf von Produkten, sondern indem es dauerhafte Zufriedenheit der Kundschaft schafft (Hollensen und Opresnik, 2021).

Einem Unternehmen stehen neben **strategischen Tools** (z. B. SWOT-Analyse, Portfolio-Matrix u. a.) und Ansätzen (vgl. hierzu ausführlich: Hollensen, S. und Opresnik, M.: Marketing: Grundlagen. Ein managementorientierter Ansatz, 4. Aufl., 2020) vor allem die nachstehend näher erläuterten **absatzpolitischen Instrumente**, welche auch als **Marketingmix** oder die „**4Ps des Marketing**" bezeichnet werden, zur Verfügung: **Product**, **Price**, **Place** und **Promotion**. Im Falle von **Dienstleistungen** erfährt der Marketing-Mix eine Erweiterung um **3 zusätzliche Ps**, nämlich **Process**, **Physical Facilities** und **People**.

8.2 Produktpolitik: Welche Produkte und Dienstleistungen bietet man an?

Das Produkt ist das Herzstück im Marketing-Mix, da es die funktionalen Anforderungen der Kundschaft erfüllt. Ein sorgfältiges Management des Produktangebots ist unerlässlich, wenn das Unternehmen die gewünschten Antworten der Kundschaft erhalten soll.

Im Wesentlichen kann ein Produkt definiert werden als alles, was der Kundschaft zur Aufmerksamkeit, zum Erwerb, zur Nutzung oder zum Konsum angeboten werden kann und das einen Wunsch oder Bedarf befriedigen könnte (Hollensen und Opresnik, 2021).

8.2.1 Verschiedene Produktebenen

Die **Produktdifferenzierung** hat zum Ziel, den Wert des Produkts oder der Dienstleistung zu steigern.

Levitt (1986) hat vorgeschlagen, dass Produkte und Dienstleistungen auf mindestens **vier Hauptebenen** zu sehen sind, die wir schnell zusammenfassen werden (Hollensen und Opresnik, 2021):

- **Kernprodukt:** Das Kernprodukt oder generische Produkt ist das zentrale Produkt. Der Kernnutzen betrifft die Frage: Was kaufen die Kaufenden wirklich? Bei der Entwicklung von Produkten müssen in der Vermarktung zunächst die Kern-, Problemlösungsvorteile oder Dienstleistungen definieren, die die Kundschaft wünscht.

- **Erwartetes Produkt:** Über das generische Produkt hinaus ist das, was die Kundschaft zusätzlich erwarten, das erwartete Produkt. Beim Kauf von Benzin beispielsweise erwartet die Kundschaft die Möglichkeit, mit Kreditkarte zu bezahlen, die Verfügbarkeit von Waschanlagen etc.

- **Erweitertes bzw. augmentiertes Produkt:** Auf der nächsten Ebene identifiziert Levitt das erweiterte oder augmentierte Produkt. Dies beinhaltet alle zusätzlichen Features und Services, welche die Erwartungen der Kundschaft übertreffen, um einen Mehrwert zu vermitteln und damit das Angebot von dem des Wettbewerbs zu differenzieren. Produktplaner müssen ein erweitertes Produkt um den Kernnutzen und das erwartete Produkt herum aufbauen, indem sie zusätzliche Dienstleistungen für die Kundschaft und Vorteile anbieten.

- **Potentielles Produkt:** Schließlich beschreibt Levitt das potenzielle Produkt als all die weiteren zusätzlichen Funktionen und Vorteile, die angeboten werden könnten. An der Tankstelle können diese eine kostenlose Waschanlage mit jeder fünften Tankfüllung beinhalten. Während das Modell das potentielle Produkt begrenzt zeigt, ist es in Wirklichkeit nur durch die Phantasie und den Einfallsreichtum der Zulieferbetriebe begrenzt.

8.2.2 Produkt-Mix-Entscheidungen

Eine Organisation mit mehreren Produktlinien hat einen **Produktmix** (oder **Produktsortiment**), der aus allen Produktlinien und Artikeln besteht.

Der Produktmix eines Unternehmens hat **vier wichtige Dimensionen** (Hollensen und Opresnik, 2021):

- Die Breite des **Produktmixes** verweist auf die Anzahl der unterschiedlichen Produktlinien. So bietet *Procter & Gamble* z. B. einen breiten Produktmix aus 250 Marken, die in diverse Produktlinien unterteilt sind: Personal und Beauty, Haus und Heim, Gesundheit und Wellness, Baby und Familie sowie Tiernahrung und -pflege.

- Die **Produktmixlänge** bezieht sich auf die Gesamtanzahl der Artikel, welche das Unternehmen in seinen Produktlinien führt. P&G führt viele Marken in jeder Linie. Zum Beispiel umfasst die Haus- und Haushaltslinie sieben Waschmittel, sechs Handseifen, fünf Shampoos und vier Geschirrspülmittel (Kotler, Armstrong und Opresnik, 2016).

- Die **Sortimentstiefe** bezieht sich auf die Anzahl der Varianten, die für jedes Produkt der Linie angeboten werden. P&G's Crest Zahnpasta gibt es in 16 Varianten.

- Schließlich bezieht sich die Konsistenz des **Produktmixe**s darauf, wie eng die verschiedenen Produktlinien miteinander verbunden sind, ob es sich um Letztnachfrage, Produktionsanforderungen, Vertriebskanäle oder anderes handelt. Die Produktlinien von P&G sind insofern konsistent, als es sich um Verbraucherprodukte handelt, die über die gleichen Vertriebskanäle laufen. Die Linien sind weniger konsistent, da sie unterschiedliche Funktionen für die Kundschaft erfüllen.

8.2.3 Der Produktlebenszyklus

Das **Produktlebenszyklus-Konzept** liefert nützliche Hinweise für Produktentscheidungen und die Formulierung von Produktstrategien.

Der Produktlebenszyklus visualisiert den Verlauf der Umsätze und Gewinne eines Produktes über seine Lebensdauer. Er umfasst vier Phasen: Einführung, Wachstum, Reife und Rückgang (Hollensen und Opresnik, 2021).

Die vier **Phasen des Produktlebenszyklus** lassen sich wie folgt kurz zusammenfassen (Hollensen und Opresnik, 2021):

- Die **Einführung** ist eine Zeit des langsamen Verkaufs, da das Produkt auf dem Markt eingeführt wird. Gewinne sind in dieser Phase wegen der hohen Kosten der Produkteinführung nicht vorhanden.

- **Wachstum** ist eine Zeit schneller Marktakzeptanz und steigender Gewinne. Die Gewinne könnten in der zweiten Wachstumsphase zurückgehen, wenn neue Konkurrenz auf den Markt kommen, die von schnellem Umsatzwachstum und hohem Gewinnpotenzial angezogen werden. Das Ende dieser Phase ist oft mit einer Wettbewerbsbereinigung verbunden, bei der schwächeren Zulieferunternehmen die Produktion einstellen.

- Die **Reifezeit** ist eine Zeit der Verlangsamung des Umsatzwachstums, da das Produkt bei einem Großteil der potenziellen Kundschaft Akzeptanz gefunden hat. Saturation tritt ein und beschleunigt die Wettbewerbsbereinigung. Die übrigen Unternehmen kämpfen mit Produktverbesserungen, Werbe- und Verkaufsförderungsangeboten und Preissenkungen um Marktanteile, was zu einer Belastung der Gewinnmargen führt.

- **Rückgang** oder **Degeneration** ist die Phase, in der Umsatz und Gewinn sinken, da neue Technologien oder Veränderungen im Geschmack der Kundschaft die Nachfrage nach den Produkten und Dienstleistungen verringern. Die Lieferbetriebe können entscheiden, die Produktion ganz einzustellen oder die Produkttiefe zu reduzieren. Werbung kann genutzt werden, um sich gegen Konkurrenz zu verteidigen und einen weiteren Umsatzrückgang zu verhindern.

8.2.4 Branding

Branding ist der Prozess, durch den Unternehmen ihre Produktangebote von der Konkurrenz unterscheiden. Durch die Entwicklung eines unverwechselbaren Namens, einer Verpackung und eines Designs entsteht eine **Marke**. Ein Markenname ist jedoch nicht bloß ein Etikett, das zur Unterscheidung zwischen den herstellenden Unternehmen eines Produkts verwendet wird, sondern ein komplexes Symbol, das eine Vielzahl von Ideen und Attributen repräsentiert. Es sagt der Kundschaft zahlreiche Dinge durch die Menge an Assoziationen, die es über einen bestimmten Zeitraum aufgebaut und als öffentliches Objekt erworben hat.

Im Wesentlichen ist eine Marke eine Sammlung von Wahrnehmungen in den Augen der Kundschaft, die durch Werte, Kommunikation, den Marketing-Mix und das Verhalten der Mitarbeitenden beeinflusst werden (Hollensen und Opresnik, 2020).

8.3 Preispolitik: Das Preis-Leistungsverhältnis und andere Aspekte

Die **Preisgestaltung ist eine der wichtigsten Marketing-Mix-Entscheidungen**, da der Preis die einzige Marketing-Mix-Variable ist, die Umsätze generiert. Die Preisstrategie ist von großer Bedeutung, da sie sowohl das Umsatz- als auch das Verhalten der Kundschaft beeinflusst. Das gesamte Preisumfeld wird daher zuerst aus Sicht des Unternehmens und seiner Strategien und dann aus Sicht der Kundschaft betrachtet (Hollensen und Opresnik, 2020).

8.3.1 Die Preis-Absatz-Funktion und Preiselastizität

Die **Kosten** legen die Basis für den Preis fest, den das Unternehmen berechnen kann. Das Unternehmen will einen Preis berechnen, der sowohl alle Kosten für die Erzeugung, den Vertrieb und den Absatz des Produkts deckt als auch eine faire Rendite liefert. Die Kosten eines Unternehmens sind ein wichtiger Bestandteil seiner Preisstrategie (Hollensen und Opresnik, 2020).

Fixkosten (auch Gemeinkosten genannt) sind Kosten, die nicht von der produzierten Anzahl der Produkte abhängen.

Beispiele hierfür sind Miete, Zinsen und Gehälter von Führungskräften.

Die variablen Kosten variieren direkt mit dem Produktionsniveau, hängen also von der produzierten Menge ab.

Jeder von *Hewlett Packard* hergestellte PC verursacht beispielsweise Kosten für Computerchips, Drähte, Verpackungen und andere Inputfaktoren.

Die Gesamtkosten schließlich sind die Summe der fixen und variablen Kosten für ein spezifisches Fertigungsniveau.

Das Management will einen Preis berechnen, der mindestens die gesamten Produktionskosten auf einem bestimmten Produktionsniveau abdeckt (Hollensen und Opresnik, 2020).

Während die Kosten die Preisuntergrenze festlegen, setzen Markt und Nachfrage die Obergrenze. Sowohl private als auch industrielle Kundschaft gleichen den Preis eines Produktes oder einer Dienstleistung mit den Vorteilen des Besitzes ab. So muss der Vermarktende vor der Preisfestsetzung das Verhältnis zwischen Preis und Nachfrage nach seinem Produkt verstehen. Jeder Preis, den das Unternehmen in Rechnung stellt, führt zu einer anderen Nachfrage. Das Verhältnis zwischen dem berechneten Preis und dem daraus resultierenden Nachfrageniveau ist in der **Preis-Absatz-Funktion (PAF)** in Abbildung 8.1 dargestellt.

Die Nachfragekurve zeigt die Stückzahl, die der Markt in einer bestimmten Periode zu verschiedenen Preisen erwerben wird (Hollensen und Opresnik, 2020).

Abbildung 8.1: Die Preis-Absatz-Funktion (PAF)

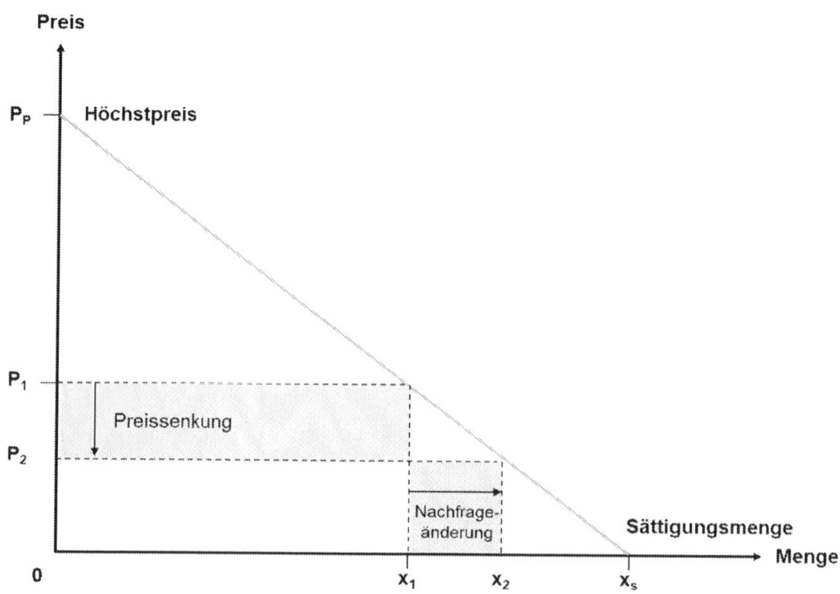

Quelle: adaptiert von Hollensen und Opresnik, 2020

Im **Normalfall** stehen Nachfrage und Preis in einem umgekehrten Verhältnis; je höher der Preis, desto geringer die Nachfrage und umgekehrt. So würde das Unternehmen mehr verkaufen, wenn es seinen Preis von P1 auf P2 senken würde. Bei Prestigegütern steigt die Nachfragekurve manchmal nach oben. Die Kundschaft denkt, dass höhere Preise mehr Qualität bedeuten. Für die Vermarktung muss auch die **Preiselastizität** bekannt sein – wie stark die Nachfrage auf eine Preisänderung reagiert. Der Preisrückgang von P1 auf P2 führt zu einem relativ geringen Anstieg der Nachfrage von X1 auf X2. Wenn sich die Nachfrage mit einer kleinen Preisänderung kaum ändert, wird die Nachfrage als **unelastisch** eingestuft. Wenn sich die Nachfrage stark ändert, ist die Nachfrage **elastisch** (Hollensen und Opresnik, 2020).

8.3.2 Break-Even-Pricing

Der Ansatz der **Break-Even-Preiskalkulation** beinhaltet die Festlegung des Preises, um die Kosten für die Herstellung und Vermarktung eines Produkts zu decken, oder die Festlegung des Preises, um einen Zielgewinn zu erzielen.

Im Folgenden soll der Nutzen des Break-Even-Volumens aus Marketingsicht untersucht werden. Bei einer gewissen Preisstrategie und einem entsprechenden Marketingaufwand ist es sinnvoll, die Anzahl der Einheiten zu ermitteln, die verkauft werden müssen, um die Gewinnschwelle zu erreichen (Nettogewinn gleich Null).

Der Break-Even-Punkt ist das Niveau der Produktion, bei dem der Gesamterlös aus dem Absatz eines Produkts oder einer Dienstleistung genau den Gesamtkosten seiner Herstellung und Vermarktung entspricht (Hollensen und Opresnik, 2020).

Diese Methode lässt sich am besten anhand eines **einfachen Beispiels** erklären: Angenommen, ein Uhrenhersteller hätte folgende Kosten und erwartete Umsätze (Kotler, Armstrong und Opresnik, 2016):

- Variable Kosten EUR 10
- Fixkosten EUR 300.000

- Erwarteter Absatz 50.000 Stück
- Verkaufspreis EUR 20 / Stück

Abbildung 8.2 zeigt eine Gewinnschwelle für den oben genannten Uhrenhersteller. Die Fixkosten betragen unabhängig vom Umsatz EUR 300.000. Variable Kosten werden zu den fixen Kosten addiert, um die Gesamtkostenfunktion zu bilden, die mit dem Volumen steigt. Die Gesamterlöskurve beginnt bei Null und steigt mit jeder verkauften Einheit. Die Steigung der Gesamterlöskurve spiegelt den Preis von 20 Euro pro Einheit wider.

Der Erlös ist dabei gleich dem Umsatz und errechnet sich, indem der Verkaufspreis mit der verkauften Menge multipliziert wird.

Abbildung 8.2: Break-Even-Analyse

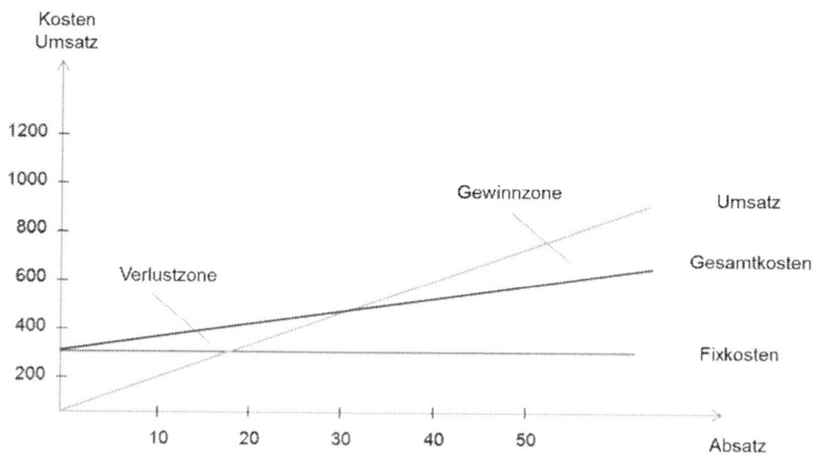

Quelle: adaptiert von Hollensen und Opresnik, 2020

Der Gesamtumsatz und die Gesamtkostenkurve kreuzen sich bei 30.000 Einheiten. Das ist das **Break-Even-Volumen**. Bei 20 Euro muss das Unternehmen mindestens 30.000 Einheiten verkaufen, um ein ausgeglichenes Ergebnis zu erzielen, d. h. um die Gesamtkosten zu decken.

Das **Break-Even-Volumen** kann wie folgt berechnet werden:

$$\text{Deckungsbeitrag pro Stück} = \text{Verkaufspreis - Variable Kosten}$$

$$\text{Break-Even-Volumen} = \frac{\text{Fixkosten}}{\text{Stückdeckungsbeitrag}}$$

$$= \frac{300.000}{(20\text{-}10)} = \mathbf{30.000}$$

Will das Unternehmen einen Gewinn erzielen, muss es mehr als 30.000 Stück zu je 20 Euro verkaufen.

8.5 Kommunikationspolitik: Was sagt wer wem durch welches Medium?

Die Rolle der **Kommunikationspolitik** besteht darin, mit der Kundschaft zu kommunizieren und Informationen bereitzustellen, die Kaufende benötigen, um Kaufentscheidungen zu treffen.

Promotion ist der Prozess, bei dem Marketingspezialisten die Kundschaft durch Kommunikation informieren, überzeugen, erinnern und stärken (Hollensen und Opresnik, 2021).

Die gesamte Bandbreite der Techniken, die im Zuge der Vermarktung zur Verfügung stehen, ist der **Kommunikationsmix** und umfasst **sieben Schlüsselelemente**, die im Folgenden kurz vorgestellt werden sollen (vgl. hierzu ausführlich: Hollensen und Opresnik, 2020).

8.5.1 Werbung

Werbung ist eine der sichtbarsten Formen der Kommunikation. Die **Aufgabe** der Werbung darin besteht, die Qualitäten von Produkten und Dienstleistungen im Hinblick auf die Bedürfnisse, Wünsche und Sehnsüchte der Kundschaft zu interpretieren oder zu übersetzen. Die grundlegenden konkurrierenden Ansichten darüber, wie Werbung funktioniert, wurden mit der **starken Theorie der Werbung** und der **schwachen Theorie der Werbung** formuliert (Jones, 1991).

Nach der sog. starken Theorie des AIDA-Modells durchläuft ein Mensch die Phasen Aufmerksamkeit, Interesse, Begehren und Handlung.

Nach dieser Theorie ist die Werbung stark genug, um das Wissen der Menschen zu erweitern und ihre Einstellungen zu ändern, und als Konsequenz ist sie in der Lage, Menschen, die noch nie ein Produkt gekauft haben, zum Kauf zu bewegen.

Es handelt sich also um eine **Konversionstheorie der Werbung**: Nicht-Kaufende werden zu Kaufenden konvertiert. Es wird angenommen, dass die Werbung einen starken Einfluss auf die Kundschaft hat (Hollensen und Opresnik, 2020).

Dieses Modell wurde heftig kritisiert, da es für viele Arten von Produkten kaum Belege dafür gibt, dass die Kundschaft vor dem Kauf der Marke einen starken Wunsch verspüren. So kann beispielsweise in eher preiswerten Produktbereichen eine Marke probeweise gekauft werden, ohne die feste Überzeugung, dass sie konkurrierenden Marken überlegen ist. Darüber hinaus wird die Theorie kritisiert, weil sie sich auf die Umwandlung eines Nicht-Kaufenden in einen Kaufenden beschränkt und darauf, was nach dem Handeln passiert (Ehrenberg, 1992).

Das wichtigste gegenläufige Modell ist das ATR-Modell und beinhaltet die Phasen Bewusstsein (Awareness), Versuch (Trial) und Stärkung (Reinforcement).

8.5.2 Sales Promotion

Verkaufsförderungsmaßnahmen sind Marketingaktivitäten, die die Kauflust der Kundschaft anregen und die Effektivität und Beziehung in der Vermarktungskette verbessern (Hollensen und Opresnik, 2021).

Die Verkaufsförderung kommuniziert über eine Reihe von Werbeaktionen, die von keiner der obigen Definitionen erfasst werden, wobei jede auf die Sichtbarkeit bei einer Zielgruppe abzielt und einige darüber hinaus einen

Anreiz bieten, aktiv zu reagieren. Zu den **Tools für die Verbraucherwerbung** gehören Prämien, Preisabschlag, Gratismuster, Coupons, Preisaktionen, Bonuspakete und Treuekarten für die Kundschaft. Zu den wichtigsten **Instrumenten der Handelsförderung** gehören Preisnachlässe, Naturalrabatte und Zulagen (Hollensen und Opresnik, 2020).

8.5.3 Public Relations

Öffentlichkeitsarbeit (Public Relations) kann definiert werden als der Aufbau guter Beziehungen zu den verschiedenen Zielgruppen des Unternehmens durch positive Werbung, den Aufbau eines positiven Unternehmensimages und den Umgang mit oder die Abwehr von ungünstigen Gerüchten, Geschichten und Ereignissen (Kotler, Armstrong und Opresnik, 2016).

Die Hauptgründe für das Wachstum der Öffentlichkeitsarbeit sind die Anerkennung der Macht und des Wertes der Öffentlichkeitsarbeit, erhöhte Werbekosten, die zu einer Erforschung kostengünstigerer Kommunikationswege führen, und ein besseres Verständnis für die umfassende Rolle der Öffentlichkeitsarbeit (Hollensen und Opresnik, 2020).

8.5.4 Sponsoring

Sponsoring kann definiert werden als eine Geschäftsbeziehung zwischen einem Angebot von Geldern, Ressourcen oder Dienstleistungen und einer Person, Veranstaltung oder einem Unternehmen, die im Gegenzug einige Rechte und Verbindungen anbietet, die zu kommerziellen Vorteilen genutzt werden können (Hollensen und Opresnik, 2020).

Unternehmen haben eine breite Palette von Einrichtungen und Aktivitäten zur Auswahl, darunter Sport, Kunst, Community-Aktivitäten, Teams, Turniere, Musikfestivals, einzelne Persönlichkeiten oder Veranstaltungen, Wettbewerbe, Messen und Shows. Sport-Sponsoring ist bei weitem das beliebteste Sponsoring-Medium, da es in der Regel eine hohe Sichtbarkeit durch umfangreiche Fernsehberichterstattung, die Fähigkeit, einen breiten Querschnitt der Community anzuziehen und spezifische Nischen zu bedienen, bietet. (Ellis-Chadwick und Jobber, 2019).

8.5.5 Direktmarketing

Viele der Marketing- und Promotion-Tools, die wir bisher in den vorangegangenen Abschnitten diskutiert haben, wurden im Rahmen des **Massenmarketings** entwickelt: die Ausrichtung auf breite Märkte mit standardisierten Botschaften und Angeboten, die über Vermittler vertrieben werden. Heute jedoch, mit dem Trend zu **gezielterem** oder **individuellem Marketing**, setzen viele Unternehmen auf **Direktmarketing**, entweder als primären Marketingansatz oder als wichtige Ergänzung zu anderen Strategien (Hollensen und Opresnik, 2021).

Direktmarketing besteht aus direkten Verbindungen zu sorgfältig ausgewählten Einzelverbraucherinnen und -verbrauchern, um sowohl eine sofortige Reaktion zu erhalten als auch dauerhafte Beziehungen zur Kundschaft zu pflegen (Hollensen und Opresnik, 2020).

8.5.6 Persönlicher Verkauf

Der persönliche Verkauf beinhaltet den persönlichen Kontakt zur Kundschaft und im Gegensatz zu Werbung, Promotion und anderen Formen der nicht-personenbezogenen Kommunikation ermöglicht der persönliche Verkauf eine direkte Interaktion zwischen Kaufenden und Verkaufenden (Hollensen und Opresnik, 2020).

Dieser Prozess impliziert, dass der Verkaufende die spezifischen Bedürfnisse und Wünsche des Kaufenden identifizieren und die Verkaufsstrategie und -präsentation entsprechend anpassen kann (Hollensen und Opresnik, 2015).

Der **Aufbau eines eigenen Außendienstes** erfordert eine ausgefeilte Planung und erhebliche Ressourcen. Das **Außendienstmanagement (Sales Management)** beinhaltet die Analyse, Planung, Implementierung und Kontrolle von Außendienstaktivitäten (Hollensen und Opresnik, 2020).

8.5.7 Produktplatzierung

Produktplatzierung (Product Placement) ist die bewusste Platzierung von Produkten und/oder deren Logos in Film und Fernsehen, meist gegen Entgelt (Hollensen und Opresnik, 2020).

Welche Bedeutung Produktplatzierung hat zeigt eindrucksvoll das Beispiel von Steven Spielbergs Science-Fiction-Film „Minority Report" aus dem Jahre 2002, indem mehr als 15 große Marken, darunter *Gap*, *Pepsi*, *Guinness*, *Lexus* und *Amex*, deren Logos auf Videoplakaten im gesamten Film zu sehen waren. Diese Produktplatzierungen brachten *DreamWorks* und *20th Century Fox* 25 Millionen Dollar ein, ca. ¼ der 102 Millionen Dollar Produktionskosten (Ellis-Chadwick und Jobber, 2019).

8.6 Distributionspolitik: Der Weg der Produkte zum Kunden

Ein Produkt muss dem Zielmarkt zu einem erschwinglichen Preis zugänglich gemacht werden. **Distributionsentscheidungen** befassen sich mit den Problemen der Verlagerung von Produkten von den Ursprungsorten zu den Verbrauchsstellen.

Oft als Distributionspolitik (Place) im Marketing-Mix bezeichnet, zielen Distributionsentscheidungen darauf ab, sicherzustellen, dass das richtige Produkt zur passenden Zeit am korrekten Ort und in der benötigten Menge vorhanden ist (Hollensen und Opresnik, 2020).

Unternehmen können ihre Vertriebskanäle so gestalten, dass ihre Produkte der Kundschaft auf unterschiedliche Weise zur Verfügung gestellt werden. Jede Schicht von Marketingintermediären, die das Produkt der Endkundschaft näherbringt, ist eine **Kanalebene**. Die Anzahl der Zwischenstufen gibt die Länge eines Kanals an. Ein **Direktmarketing-Kanal** bedeutet, dass er keine Zwischenstufen hat. In diesem Fall verkauft das Unternehmen direkt an die Kundschaft. Zum Beispiel verkauft *Vorwerk* seine Produkte direkt an ihre Kundschaft. Im Falle eines **indirekten Vertriebs** treten ein oder mehrere **Intermediäre** zwischen den Hersteller und der Kundschaft. Zahlreiche Unternehmen wählen heute eine **hybride Form** und zeichnen sich deshalb durch einen **Mehrkanalvertrieb** aus (**Multi-Channel-Distribution**).

9. Personalmanagement: Der Mensch im Mittelpunkt

9.1 Bedeutung des Human Resource Managements

Zur Planung von Strategien und deren Umsetzung benötigen Unternehmen konkrete Aktivitäten für die einzelnen Bereiche. Der **Personalbereich** (auch **Human Resources**, kurz **HR** genannt) ist dafür zuständig, adäquate Personalmaßnahmen abzuleiten und durchzuführen.

Heutzutage hat die Bedeutung von Personalmanagement deutlich zugenommen. Dies ist im Wesentlichen darauf zurückzuführen, dass Personal zur entscheidenden Ressource des Unternehmens geworden ist. Der **Strukturwandel** der meisten westlichen Industrienationen von einer produzierenden (**sekundärer Sektor**) zur Dienstleistungs- und wissensbasierten Gesellschaft (**tertiärer Sektor**) verändert den Stellenwert des Personals nachhaltig. Unternehmen benötigen Menschen, die nicht nur die zugeteilten Aufgaben ausführen, sondern mit neuen Ideen dafür sorgen, dass die sich immer schneller ändernden Wünsche der Kundschaft befriedigt sind und somit der entscheidende Wettbewerbsvorteil für das Unternehmen nachhaltig gesichert ist. Unternehmen suchen daher sogenannte „**Intrapreneure**", d. h. Unternehmerinnen bzw. Unternehmer im Unternehmen und dies ist eine große Herausforderung.

Vor diesem Hintergrund sind Aufgaben wie Auswahl, Entwicklung, Motivation, Entlohnung und Bindung von Mitarbeitenden wichtiger als je zuvor. Folgerichtig sind Personalangelegenheiten nicht mehr alleine der Personalabteilung vorbehalten, sondern liegen in der Verantwortung aller Führungspersonen des Unternehmens (Nickels & McHugh, 2015). Nachfolgend werden diese Aufgaben näher beschrieben.

9.2 Personalbedarfsanalyse

Die Personalbedarfsplanung befasst sich mit der quantitativen und sachgerechten Ermittlung des Personals im Unternehmen.

Beim Ermitteln des Personalbedarfs ist darauf zu achten, dass möglichst viele Mitarbeiter mit den erforderlichen Qualifikationen zum richtigen Zeitpunkt bzw. Zeitraum und an der richtigen Stelle im Unternehmen zur Verfügung stehen (Wöhe et al., 2020).

In diesem Zusammenhang werden grundsätzlich folgende **Formen des Personalbedarfs** unterschieden:

- Die **qualitative Bedarfsform** beruht auf der Frage, welche Qualifikationen die Mitarbeitenden haben müssen.

- Die **quantitative Form des Bedarfs** liefert eine Antwort auf die Frage, wie viele Arbeitskräfte das Unternehmen benötigt. Basierend auf dem aktuellen Personalbestand wird der zukünftige Personalbedarf berechnet, wobei die Anzahl der benötigten Mitarbeitenden und die erwarteten Zu- und Abgänge beim Personal berücksichtigt werden (Hutzschenreuter, 2015; Wöhe et al., 2020).

Nach erfolgter Aufnahme des aktuellen **Personalbestands** nach quantitativen und qualitativen Gesichtspunkten wird der **Brutto-Personalbedarfs** ermittelt, also die Anzahl sowie die Beschaffenheit des Personals, das für die geplanten Aktivitäten bzw. Unternehmensziele benötigt wird. Dieser muss mit dem **Ist-Personalbestand** verglichen werden. Daraus ergibt sich ein positiver oder ein negativer **Netto-Personalbedarf** und entsprechende Maßnahmen, was in der nachstehenden Abbildung 9.1. dargestellt ist (Nickels und McHugh, 2015; Hutzschenreuter, 2015; Wöhe et al., 2020).

Abbildung 9.1: Prozess der Personalbedarfsplanung

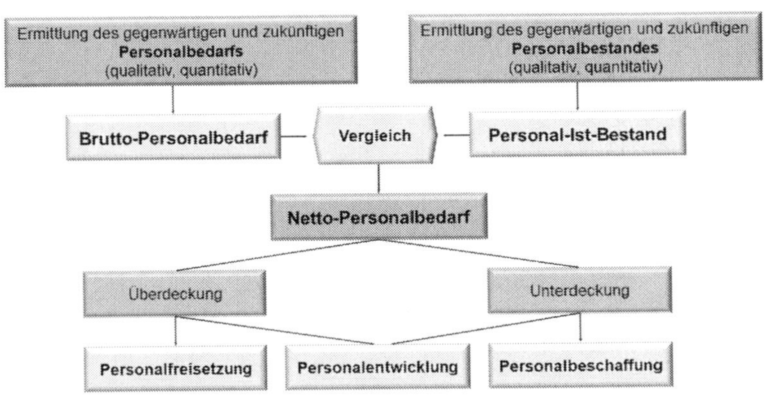

Quelle: in Anlehnung an Nickels und McHugh, 2015

9.3 Formen und Wege der Personalbeschaffung

Nachdem der Personalbedarf ermittelt worden ist, gilt es, diesen Bedarf im Rahmen der **Personalbeschaffung** zu decken.

Dies kann **intern** oder **extern** durchgeführt werden (Hutzschenreuter, 2015; Wöhe et al., 2020):

- **Interne Personalbeschaffung**, d. h. die Stellenbesetzung mit bereits im Unternehmen arbeitenden Personen. Das Unternehmen kann dabei das Wissen und die Erfahrungen der Mitarbeitenden nutzen sowie die Beschaffungskosten niedrig halten. Vorteilhaft ist außerdem, dass die Stellen vergleichsweise schnell besetzt werden können und dass die Mitarbeitenden das Unternehmen kennen.

- **Externe Personalbeschaffung**, d. h. die Suche nach geeignetem Personal erfolgt per Anzeige, Arbeitsagentur, Personalvermittlungen, Karriereportale u.a. So kann das Unternehmen auf ein mögliches breites Angebot zugreifen und sich neue Qualifikationen, Informationen, Kenntnisse und Fähigkeiten erschließen, die bisher im Unternehmen nicht vorhanden waren. Auch kann so „frischer Wind" durch neue Ideen und Werte in das Unternehmen gelangen.

9.4 Personalauswahl und Einstellung

Aufgabe der Personalauswahl ist es, das Eignungspotenzial von Bewerbenden zu ermitteln mit dem Ziel, diejenigen auszuwählen, die den Anforderungen der Stelle am besten entsprechen.

Zur Fundierung der Auswahlentscheidung stehen einem Unternehmen diverse **Methoden** zur Verfügung: Analyse der Bewerbungsunterlagen, Auswahlgespräche, Formale Tests, Assessment-Center, Probezeit u. a.. Nach Abschluss des Auswahlprozesses werden im Rahmen der **Einstellung** mit den geeigneten Kandidaten Bedingungen ausgehandelt und ein Arbeitsplatzangebot unterbreitet, welches einen rechtsverbindlichen Vertrag darstellt. Er enthält die Arbeitsbedingungen, wie z. B. Aufgaben und Gehalt sowie Leistungen wie Urlaub, Versicherungen und Altersvorsorge. Mit Unterschrift unter den Vertrag wird der Bewerbende schließlich zum **Mitarbeitenden** (Sims et al., 2016).

9.5 Personaleinsatzplanung

Personaleinsatzplanung ist das Zusammenführen von Mitarbeitenden und Stellen unter Berücksichtigung von Arbeitssituation und Arbeitsablauf. Aufgabe ist dabei für die optimale Eingliederung der Mitarbeiterinnen und Mitarbeiter in den Arbeitsprozess zu sorgen. Mit anderen Worten sollen die Stellen und die Personen optimal in Übereinstimmung gebracht werden (Gronau, 2021).

Folgende **Gestaltungsdimensionen** sind dabei zu berücksichtigen:

- **Inhaltlich**: Zuordnung von Arbeitsplatz und Mitarbeitenden
- **Zeitlich**: Lage und Dauer des Arbeitseinsatzes
- **Örtlich**: Einsatzort der Mitarbeitenden
- **Sozial**: Abstimmung von Arbeitseinsatz und Interessen der Mitarbeitenden

Eine fundierte **Einarbeitung** stellt sicher, dass die Mitarbeitenden ihre jeweiligen Aufgaben kennen, diese annehmen und sich aneignen sowie in die Belegschaft eingegliedert werden (Sims et al., 2016; Wöhe et al., 2020). Durch eine **Stellenzuweisung** werden die Personen den Stellen zugeordnet und eventuell durch Maßnahmen der Personalentwicklung auf diese Stellen vorbereitet. Andererseits kann man die Stellen in Hinsicht auf die physischen und psychischen Bedürfnisse der Beschäftigten **modifizieren**, also die Stellen den Personen anpassen, wie das bei der Arbeitsstrukturierung und Arbeitsplatzgestaltung der Fall ist. Und letztlich kann man eine Übereinstimmung mittels der **Zeitwirtschaft** angehen, indem man die Arbeits- und Urlaubszeiten der Beschäftigten beeinflusst.

9.6 Personalentwicklung

Personalentwicklung will die Fähigkeiten und Kompetenzen vermitteln, die erforderlich sind, um die aktuellen und zukünftigen Aufgaben einer komplexen Arbeitswelt ideal zu erfüllen und beruflich, persönlich und sozial erfolgreich zu sein (Wöhe et al., 2020).

Die Tätigkeitsfelder im Rahmen der Personalentwicklung haben in Bezug auf einzelne Mitarbeitende aller Hierarchie-Ebenen eines Unternehmens **Veränderungen ihrer Eignungen und/oder Leistungen durch Fortbildung, Karriereplanung und Arbeitsstrukturierung** zum Inhalt (Wöhe et al., 2020; Hopfenbeck, 2002).

Die Personalentwicklung steht in einer **komplementären Beziehung** zur externen Personalbeschaffung, bei der neue Qualifikations- und auch Motivationspotentiale durch die Rekrutierung neuer Mitglieder erworben werden (Wöhe et al., 2020; Hopfenbeck, 2002).

Zentrale **Ansatzpunkte und Aufgaben der Personalentwicklung** sind:

- **Vermittlung von Werthaltungen**, z. B. positive Einstellungen zur Arbeit, zum Unternehmen, zur Leistungsbereitschaft
- **Vermittlung von Fertigkeiten**, z. B. handwerkliche, geistige, intellektuelle und soziale Kompetenzen und Fähigkeiten
- **Vermittlung von Erkenntnissen**, z. B. betriebs-, produkt-, arbeitsplatz-, technik- und kundenbezogene Informationen.

Das generelle Ziel der Personalentwicklung besteht in der Herstellung der **Kongruenz von Anforderungen und Qualifikationen**.

9.7 Personalfreisetzung

Natürlich gehört auch die Personalfreisetzung zu den Aufgaben des Personalmanagements. Mitunter verlassen Mitarbeitende das Unternehmen freiwillig, z. B. weil sie sich von einem Arbeitgeberwechsel eine bessere Perspektive und Entwicklungsmöglichkeiten erhoffen oder auch abgeworben worden sind. Manchmal geht die Trennung auch vom Unternehmen aus, z. B. im Rahmen eines Personalabbaus oder auch im Zuge der natürlichen **Fluktuation** durch den Eintritt des Rentenalters.

10. Investition: Das Kapital sinnvoll einsetzen

Eine Investition ist die Umwandlung der durch Finanzierung oder aus Umsätzen stammenden liquiden Mittel des Unternehmens in Sachgüter, immaterielles Vermögen (z. B. Patente oder Markennamen) und Finanzanlagen (z. B. Aktien oder Anleihen) (Opresnik und Rennhak, 2014). Dabei ist unklar, was das Unternehmen im Gegenzug als Rückfluss aus diesen Investitionen erhält. Investitionen stellen somit ein Risiko dar. Entsprechend sorgfältig müssen Unternehmen analysieren, wie viel und in welche Projekte bzw. Investitionsobjekte investiert werden soll.

Eine realwirtschaftliche Prüfung der Sinnhaftigkeit einer Investition findet in den betroffenen Funktionsbereichen der Unternehmung statt (z. B. Marketing oder Vertrieb). Ein wesentliches Ergebnis dieser Analysen sind stets Annahmen zu zukünftigen Finanzströmen (Umsatzsteigerung, Kostensenkung). Diese gilt es aus finanzwirtschaftlicher Sicht zu bewerten. Es gibt hierzu eine Reihe von Rechenverfahren, die die Vorteilhaftigkeit von Investitionsalternativen ermitteln: die Verfahren der Investitionsrechnung.

10.1 Grundlagen der Investitionsrechnung

Die Funktion der Investitionsrechnung ist es, den Zukunftserfolg der Investition zu projizieren und zu beurteilen. Dazu bedienen sich Unternehmen der Verfahren der statischen sowie der dynamischen Investitionsrechnung (Opresnik und Rennhak, 2014):

- **Statische Methoden** zeichnen sich dadurch aus, dass sie die unterschiedlichen Zeitpunkte, zu denen die jeweiligen Rechnungsgrößen anfallen, nicht berücksichtigen und somit keine Ab- oder Aufzinsung vornehmen. Es handelt sich somit um relativ einfache Rechnungen, die sich typischerweise aus den Daten des Rechnungswesens ableiten lassen (Wöhe et al., 2020).

- Die **dynamischen Verfahren** zeichnen sich demgegenüber dadurch aus, dass die unterschiedlichen Zeitpunkte des Anfalls der jeweiligen Rechnungsgrößen sehr wohl berücksichtigen. Die Vergleichbarkeit der zeitlich unterschiedlich anfallenden Einzahlungs- und Auszahlungsströme wird durch Ab- oder Aufzinsung erreicht.

Einen Überblick hinsichtlich der verschiedenen Investitionsrechnungsverfahren gibt die nachstehende Abbildung.

10.2 Statische Investitionsrechnung

Die statischen Verfahren der Investitionsrechnung operieren mit **Durchschnittswerten** über den Nutzungszeitraum eines Investitionsobjekts. Der Zeitpunkt, zu dem die Zu- und Abflüsse an Finanzmitteln anfallen, beeinflusst das Ergebnis der Rechnung nicht. Es handelt sich somit um einfache Verfahren mit und verfügbaren Daten (Opresnik und Rennhak, 2014).

Damit einher geht allerdings eine **Reihe von Nachteilen** (Opresnik und Rennhak, 2014; Wöhe et al., 2020):

- Der **zeitliche Anfall einer Ein- oder Auszahlung** (und damit mögliche Zinseffekte) bleibt unberücksichtigt.
- Die **Betrachtung einer einzigen Durchschnittsperiode** ist eine grobe Vereinfachung, die häufig nicht der betrieblichen Realität entspricht. Problemtisch ist dabei v. a., dass die **effektive Nutzungsdauer eines Investitionsobjekts** unberücksichtigt bleibt. Somit werden längerfristige Projekte tendenziell unterbewertet.

Die Verfahren der statischen Investitionsrechnungen sollten somit vor allem dann zum Einsatz kommen, wenn die zu bewertenden Investitionsprojekte nicht durch hochvolatile Zahlungsströme gekennzeichnet sind. Sie eignen sich zudem als rasche Entscheidungsgrundlage für eher unkritische Investitionsvorhaben (Wöhe et al., 2020).

10.2.1 Kostenvergleichsrechnung

Im Rahmen der **Kostenvergleichsrechnung** werden die Kosten der verschiedenen Investitionsalternativen gegenübergestellt (Junge, 2012). Die Investition mit den niedrigsten Kosten wird als vorteilhafteste Alternative präferiert (Wöhe et al., 2020).

Berücksichtigt werden dabei grundsätzlich nur die Kosten, die direkt durch das zu beurteilende Investitionsprojekt verursacht werden (Opresnik und Rennhak, 2014). Die Kosten, die für alle Investitionsalternativen in gleicher Höhe anfallen, können vernachlässigt werden (Thommen et al., 2020).

Entscheidungsrelevant sind entsprechend (Opresnik und Rennhak, 2014):

- **Betriebskosten**, die als Kosten der laufenden Produktion ausbringungsmengenabhängig anfallen (variable Kosten). Dies sind typischerweise Personal-, Material-, Energie- sowie Werkzeugkosten,

- **Kapitalkosten**, die ausbringungsmengenunabhängig anfallen (fixe Kosten). Diese setzen sich aus den Abschreibungen pro Zeitperiode und den Zinskosten für das gebundene Kapital zusammen.

Mithilfe der **Abschreibung (AfA = Absetzung für Abnutzung)** berücksichtigt man den Werteverzehr an dem jeweiligen Investitionsprojekt, z. B. einer Maschine. Im einfachsten Fall teilt man zur Berechnung des jährlichen Abschreibungsbetrages die Anschaffungskosten A_0 durch die Nutzungsdauer, welche sich aus entsprechenden Abschreibungstabellen ergibt:

$$\text{AfA} = \frac{A_0}{\text{Nutzungsdauer}}$$

Zusätzliche müssen noch **kalkulatorische Zinsen** angesetzt werden , da durch die Anschaffung einer Investition Kapital gebunden wird (die Anschaffung muss schließlich finanziert werden) und dadurch Kapitalkosten entstehen. Man errechnet hierfür die **durchschnittliche Kapitalbindung**, indem man die Anschaffungskosten durch 2 teilt und mit dem Zinssatz multipliziert. Die durchschnittliche Kapitalbindung errechnet man **unabhängig von der Eigen- beziehungsweise Fremdfinanzierung**. Im Falle der Eigenfinanzierung ist der Zinssatz als Renditeforderung zu verstehen:

$$\text{Kalkulatorische Zinsen} = \frac{A_0}{2} * i$$

Die Kostenvergleichsrechnung soll nun – ebenso wie die anderen statischen Methoden – anhand eines einfachen **Beispiels** dargestellt werden: Ein

Copy- und Druckshop möchte einen neuen Hochleistungskopierer anschaffen und hat 2 Alternativen. Es wird eine periodenbezogene Kostenvergleichsrechnung durchgeführt, wobei die Kapazität hier keine Rolle spielt.

Abbildung 10.1: Kostenvergleichsrechnung am Beispiel

		Kopierer 1	Kopierer 2
1	Anschaffungsausgabe Ao in EUR	10.000	15.000
2	Nutzungsdauer n in Jahren	5	5
3	Betriebskosten pro Jahr in EUR	3.000	2.000
4	Kapazität p. a. in Kopien	100.000	200.000
5	Darlehenszinssatz i in %	6	6
6	AfA p. a.	2.000	3.000
7	Kalkulatorische Zinsen	300	450
8	**Summe der Kosten (3+6+7)**	**5.300**	**5.450**

Kopierer 1 erweist sich unter Kostengesichtspunkten als die besserer Alternative.

Wenn der Shop jetzt wissen möchte, ab welcher Menge bzw. Auslastung der eine Kopierer vorteilhafter als der andere ist, muss die **kritische Menge** durch **Gleichsetzen der Kostenfunktionen** berechnet werden.

$$\text{Gesamtkosten } K_g \text{ p. a. } = \text{Fixkosten} + (\text{variable Kosten} * \text{Menge})$$

$$= K_f + k_v * x \; mit \; k_v = \frac{K_v}{x}$$

$$K_g 1 = K_g 2 \;\rightarrow\; 2.000 + 300 + \left(\frac{3.000}{100.000} * x\right) = \; 3.450 + 0{,}01\, x$$

$$\rightarrow X = 57.500$$

Ab einer Auslastung von 57.500 Kopien p. a. ist Kopierer 2 kostengünstiger als Kopierer 1 aufgrund der niedrigeren variablen Kosten pro Stück.

10.2.2 Gewinnvergleichsrechnung

Die **Gewinnvergleichsrechnung** bezieht die Erlösseite mit in die Bewertung von Investitionsobjekten ein. Eine Bewertung erfolgt, indem die Gewinne von zwei oder mehr Investitionsalternativen einander gegenübergestellt werden. Die Investition mit dem im Mittel maximalen Periodengewinn ist die zu priorisierende Alternative (Opresnik und Rennhak, 2014).

Wir nehmen wieder unser o. g. Beispiel vom Copyshop, wobei wir jetzt annehmen, dass der Shop Kopien der 1. Maschine zum Preis von 0,1 EUR pro Stück und bei Kopierer 2 aufgrund der besseren Qualität und einer angenommenen digitalen Scanfunktion zum Preis von 0,11 EUR pro Stück veräußern könnte.

Die Gewinnvergleichsrechnung lässt jetzt Kopierer 2 vorteilhafter werden aufgrund der größeren Kapazität (welche nach Annahme auch verkauft werden kann) in Verbindung mit dem höheren Verkaufserlös.

$$\text{Erlös} = \text{Preis} \times \text{Menge}$$
$$\text{Gewinn} = \text{Erlös - Gesamtkosten } K_g$$

E1 = 0,1 * 100.000 = 10.000 E2 = 22.000

G1 = E1 – K1 = 10.000 – 5.300 = 4.700 G2 = 16.550

10.2.3 Rentabilitätsrechnung

Bedürfen die betrachteten Investitionsvorhaben unterschiedlich hoher Kapitaleinsätze, macht es Sinn sie mittels **Rentabilitätsrechnung** zu evaluieren. Mit dieser können sowohl mehrere Investitionsmöglichkeiten hinsichtlich ihrer relativen Vorteilhaftigkeit als auch einzelne Projekte im Hinblick auf ihre absolute Vorteilhaftigkeit beurteilt werden. Stehen mehrere Varianten zur Auswahl, so wird das mit der höchsten Rentabilität prioritär verfolgt. Geht es hingegen um die Beurteilung eines einzigen Projekts, so wird ermittelt, ob eine vorgegebene Mindestrendite erzielt wird (Thommen et al., 2020). Als Kennzahlen werden üblicherweise der **Return on Investment (ROI)** oder der **Return on Capital Employed** verwendet (Opresnik und Rennhak, 2014; Wöhe et al., 2020).

Zur **Berechnung der Rentabilität** berechnet man zunächst den durchschnittlichen Gewinn. Dabei werden **keine kalkulatorischen Zinsen berücksichtigt**, da die Rentabilität mit einer als Zielgröße vorgegebenen Mindestrendite verglichen wird und die **Entscheidungsregel** lautet: Wähle das Anlageprojekt mit der höchsten Rendite, sofern diese höher ist als die festgelegte Mindestrendite. Darüber hinaus wird die **Rendite immer finanzierungsunabhängig** ausgewiesen.

Als nächsten Schritt ist das **durchschnittlich gebundene Kapital** zu berechnen. Bei **abnutzbaren Wirtschaftsgütern** wird die Hälfte der Anschaffungskosten angesetzt wohingegen bei nicht abnutzbaren Gütern (z. B. Grundstücke, Umlaufvermögen etc.) der ursprüngliche Kapitaleinsatz an-gesetzt wird, da keine Abschreibungen erfolgen (Opresnik und Rennhak, 2014; Wöhe et al., 2020).

$$Rentabilität = \frac{Durchschnittlicher\ Gewinn\ (vor\ Zinsen)}{Durchschnittlich\ gebundenes\ Kapital}$$

Auch hier nehmen wir zu Veranschaulichung wieder unsre o. g. Beispiel:

$$Rentabilität\ 1 = \frac{4.700 + 300}{A_0 \div 2} = \frac{5.000}{5.000} = 100\%$$

$$Rentabilität\ 2 = \frac{16.550 + 450}{A_0 \div 2} = \frac{17.000}{7.500} = 227\%$$

Der Copyshop würde sich also für Kopierer 2 entscheiden.

10.2.4 Amortisationsrechnung

Die Amortisationsrechnung ermittelt den Zeitraum, der benötigt wird, um das ursprünglich investierte Kapital über die Rückflüsse aus der Investition zurückzugewinnen. Damit dies überhaupt gelingen kann, muss die Amortisationsdauer kürzer als die Nutzungsdauer sein. Das Investitionsobjekt mit der kürzesten Amortisationsdauer ist die zu präferierende Alternative (Wöhe et al., 2020; Opresnik und Rennhak, 2014).

Die Verfahren der statischen Amortisationsrechnung werden vorwiegend zur Beurteilung des absoluten (Beurteilung einer Investition) oder relativen

(Alternativenvergleich) **Investitionsrisikos** eingesetzt. Viele Unternehmen erlassen konkrete Vorgaben, innerhalb welcher Zeit sich eine Investition amortisieren muss. Abweichend von den bisher vorgestellten statischen Verfahren der Investitionsrechnung betrachtet die Amortisationsrechnung die Rückflüsse über mehrere Perioden (Opresnik und Rennhak, 2014).

Die Amortisationsdauer wird zumeist mittels der **Durchschnittsmethode** berechnet, bei welcher das ursprünglich eingesetzte Kapital durch den durchschnittlichen Gewinn zuzüglich der Abschreibungen dividiert wird. Die zunächst zur Berechnung des durchschnittlichen Gewinns abgezogenen Abschreibungen werden wieder hinzugerechnet, da sie **nicht zahlungswirksam** sind (Opresnik und Rennhak, 2014; Wöhe et al., 2020).

$$Amortisationsdauer = \frac{Anschaffungsausgaben}{jährlicher\ Gewinn + Abschreibungen}$$

Wir rechnen dies wieder am Beispiel unseres o. g. Copyshops durch:

$$Amortisationsdauer\ 1 = \frac{10.000}{4.700 + 2.000} = 1{,}49\ Jahre$$

$$Amortisationsdauer\ 2 = \frac{15.000}{19.550 + 3.000} = 0{,}77\ Jahre$$

Kopierer 2 wird wegen der kürzeren Amortisationszeit als attraktiver eingestuft.

Zusammenfassend kann festgehalten werden, dass sich die **statischen Investitionsrechnungen durch ihre große Praktikabilität** auszeichnen. Es handelt sich um einfache Verfahren mit verständlichen Berechnungen und zumeist verfügbaren Daten (Opresnik und Rennhak, 2014).

Allerdings weisen die statischen Verfahren auch eine **Reihe von Nachteilen** auf (Thommen et al., 2020; Wöhe et al., 2020):

- Die Zeitunterschiede in Bezug auf Zahlungsein- und -ausgänge werden weitgehend vernachlässigt.

- Die Betrachtung einer Periode und damit die Rechnung mit Durchschnittswerten ist eine grobe Vereinfachung, welche nicht der Realität entspricht.
- Die Zuweisung von Kosten und Gewinnen zu den einzelnen Investitionsprojekten ist in der Realität schwierig.
- Die effektive Nutzungsdauer bleibt bei den Rechnungen unberücksichtigt (Opresnik und Rennhak, 2014).

10.3 Dynamische Investitionsrechnung

Die Verfahren der dynamischen Investitionsrechnung adressieren die Schwächen der statischen Verfahren, indem (Wöhe et al., 2020):

- nicht mit Durchschnittswerten sondern mit den **tatsächlich anfallenden Zahlungen** gerechnet wird und
- der **genaue zeitliche Anfall** dieser Zahlungen Berücksichtigung findet.

Die dynamische Investitionsrechnung macht zu unterschiedlichen Zeitpunkten anfallende Zahlungen durch **Auf- bzw. Abzinsung** mittels des **Kalkulationszinsfußes i**, der die gewünschte **Mindestverzinsung** des Kapitals darstellt, auf einen einheitlichen Zeitpunkt miteinander vergleichbar. Der abgezinste Betrag wird als **Barwert** bezeichnet. Er zeigt an, was eine in der Zukunft liegende Einnahme zu Beginn der Investition wert ist (Wöhe et al., 2020; Opresnik und Rennhak, 2014).

Die Betrachtung zukünftiger Perioden gilt gemeinhin als Vorteil der dynamischen Investitionsrechnung. Dies ist jedoch zugleich eine Herausforderung, denn die Einbeziehung von in der Zukunft liegenden zukünftigen Ein- und Auszahlungen erfordert eine verlässliche Prognose dieser Zahlungsströme. Zukünftige Zahlungsströme unterliegen jedoch einer Vielzahl von Risiken (z. B. Zahlungsausfälle, technologische Innovationen) – die zukünftigen Zahlungen sind letztlich volatile Zufallsvariablen und keine fest kalkulierbaren Größen. Unternehmen sind darauf angewiesen mit Prognosen und Schätzgrößen wie Erwartungswerten oder alternativen Szenarien zu kalkulieren, um diesen Planungsunsicherheiten Rechnung zu tragen.

Auch in der dynamischen Investitionsrechnung existieren mit der Kapitalwertmethode, der internen Zinsfußmethode und der Annuitätenmethode **mehrere alternative Verfahren, die jedoch sämtlich auf dem identischen Grundkonzept basieren.**

10.3.1 Kapitalwertmethode

Die Kapitalwertmethode ist das gängigste Verfahren der dynamischen Investitionsrechnung. Hier werden sämtliche durch eine Investition bedingten Einzahlungen und Auszahlungen auf einem bestimmten Zeitpunkt abgezinst. Mathematisch wird der **Kapitalwert** durch die Addition aller Rückflüsse (positiv: Einzahlungen, negativ: Auszahlungen) abzüglich der Investitionsauszahlung ermittelt (Opresnik und Rennhak, 2014):

$$Kapitalwert\ K_0 = -A_0 + \sum_{t=1}^{n} \frac{(E_t - A_t)}{(1+i)^t} + \frac{L_n}{(1+i)^n}$$

t	=	Zeitindex, wobei t = 0, 1, 2, ..., n
n	=	Nutzungsdauer der Investitionen in Jahren
i	=	Kalkulationszinsfuß
A_0	=	Investitionsauszahlung
E_t	=	Einzahlungen während der Nutzungsdauer
A_t	=	Auszahlungen während der Nutzungsdauer,
L_n	=	Liquidationserlös am Ende der Nutzungsdauer

Eine Investition deren Kapitalwert (Opresnik und Rennhak, 2014)

- **0** ist, verzinst sich besser als der Kalkulationszinsfuß. Die Höhe des Kapitalwerts zeigt, in welcher Höhe die Investition das Vermögen des Unternehmens bezogen auf den Zeitpunkt t_0 mehrt („**Economic Value Added**“).

- **= 0** ist, verzinst sich mit dem Kalkulationszinsfuß
- **<=0** ist, verzinst sich schlechter als der Kalkulationszinsfuß. Die Höhe des Kapitalwerts zeigt, in welcher Höhe die Investition das Vermögen des Unternehmens bezogen auf den Zeitpunkt t0 reduziert („Kapitalvernichtung“).

Der Kapitalwert kann zur Beurteilung der absoluten Vorteilhaftigkeit einer Investition (gegenüber dem Kalkulationszinsfuß) sowie zur Beurteilung der relativen Vorteilhaftigkeit verwendet werden. Die Investition mit dem höchsten Kapitalwert ist zu präferieren (Wöhe et al., 2020).

Mit steigendem Kalkulationszinsfuß i verringert sich der Kapitalwert. Es wird unmittelbar ersichtlich, dass die **Wahl des Kalkulationszinssatzes** besonders kritisch ist (Opresnik und Rennhak, 2014; Wöhe et al., 2020).

Prinzipiell gibt es hier **drei Möglichkeiten** (Opresnik und Rennhak, 2014):

- Man legt die **Finanzierungskosten** (z. B. Fremdkapitalzinsen) zu Grunde und verlangt so, dass die Investitionen zumindest eine Rendite in Höhe Kapitalkosten verdient.

- Man wählt die **Rendite**, die bei **einer alternativen Investitionsmöglichkeit** erzielt werden könnte (Thommen et al., 2020).

- Man gibt eine **Zielrendite** vor, die unter Berücksichtigung verschiedener Faktoren (z. B. Kapitalmarktrenditen, Investitionsrisiko) zu erreichen ist (Wöhe et al., 2020).

Zur Veranschaulichung betrachten wir auch hier erneut ein einfaches **Beispiel**: Zum 31.12. erwirbt Frau Clever eine Immobilie zum Preis von 100.000 EUR. Sie rechnet aufgrund der Preisentwicklung mit einem Verkauf nach 2 Jahren zum Preis von 110.000 EUR. Der Zinssatz, zu dem sie Geld bei der Bank anlegen könnte beträgt 5% p. a. Da die Immobilie ggü. einer Anlage riskanter ist, veranschlagt sie eine **Risikoprämie** in Höhe von 2%. Der Kalkulationszinssatz von Frau Clever beträgt demnach 7% p.a. Sie möchte nun wissen, ob sich der Kauf gemäß der Kapitalwertmethode lohnt.

Zur Veranschaulichung visualisieren wir die Situation zunächst mittels eines **Zahlungsstrahls** in nachstehender Abbildung.

Abbildung 10.2: Zahlungsstrahl im Rahmen der Kapitalwertmethode

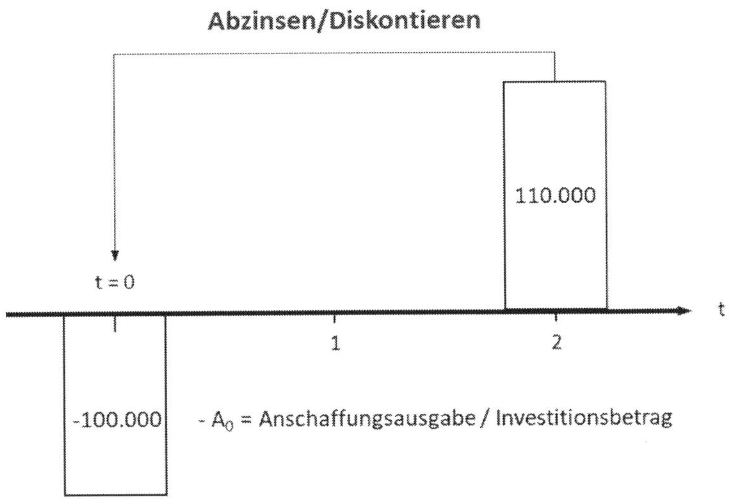

Die Kapitalwertmethode zinst über den Betrachtungszeitraum die Nettorückflüsse der jeweiligen Jahre auf die Gegenwart ab. Dies erfolgt mittels des **Abzinsungsfaktors**, welcher in o. g. Kapitalwertformel angegeben ist. Dadurch erhält man zunächst den sogenannten **Barwert (Present Value)**, d. h. den **Gegenwartswert** einer zukünftigen Zahlung.

Im Beispiel ergibt sich:

$$Barwert = \frac{110.000}{(1+0{,}07)^2} = 96.078{,}26$$

Von diesem Betrag muss noch die **Anschaffungsauszahlung** abgezogen werden, womit man den **Nettobarwert (Net Present Value) bzw. Kapitalwert** erhält. Dies macht man im Rahmen der Kapitalwertmethode für alle Jahre (im Beispiel haben wir nur 1 Jahr, nämlich t2). Er ergibt sich:

$$Kapitalwert\ K_0 = -100.000 + 96.078{,}26 = -3.921{,}74$$

Da der Kapitalwert kleiner als Null ist sollte die Investition nicht erfolgen.

10.3.2 Annuitätenmethode

Die Annuitätenmethode stellt lediglich eine Variante der Kapitalwertmethode dar. Bei der Kapitalwertmethode wird der Überschuss/Fehlbetrag ermittelt, den eine Investition bei einem gegebenen Kalkulationszinsfuß erzielt. Die Annuitätenmethode rechnet diesen Kapitalwert in **gleichgroße jährliche Zahlungen (sog. Renten)** um. Eine Investition ist somit genau dann vorteilhaft, wenn die Annuität positiv ist (Opresnik und Rennhak, 2014; Wöhe et al., 2020). Im Alternativenvergleich ist das Investitionsobjekt mit der höheren Annuität zu wählen.

Die Annuität berechnet man, indem man den zu verteilenden Kapitalwert mit dem **Kapitalwiedergewinnungsfaktor** (auch **Annuitätenfaktor**) multipliziert:

$$Annuität\ a = K_0 * \frac{i * (1 + i)^n}{(1 + i)^n - 1}$$

Man kann die Annuität auch dazu benutzen, bei einer **uniformen Zahlungsreihe**, d. h. einer Zahlungsreihe, welche aus gleichbleibenden Rückflüssen (Renten) besteht, den Kapitalwert zu berechnen. Dies erfolgt dann, indem die Annuität (Rente) mit dem Kehrwert des Annuitätenfaktors, dem sog. **Rentenbarwertfaktor bzw. Abzinsungssummenfaktor** multipliziert wird:

$$Kapitalwert\ K_0 = a * \frac{(1 + i)^n - 1}{i * (1 + i)^n}$$

Eine positive Annuität zeigt also an welchen immer gleichen Jahresbeitrag das Unternehmen aus der Investition erhält (und damit ggfs. an die Anteilseigner ausschütten könnte, ohne den Unternehmenswert zu reduzieren) oder auch um welchen immer gleichen Jahresbeitrag die Einzahlungen aus der Investition absinken könnten, ohne dass diese insgesamt unvorteilhaft wird (Wöhe et al., 2020).

Betrachten wir hierzu wieder ein einfaches **Beispiel**: Herr Unverhofft erhält am 1.1. 1 Mio. EUR geschenkt und möchte den Betrag in den kommenden 3 Jahren gerne in „schöne Dinge“ investieren. Deshalb möchte er wissen, welcher Geldbetrag ihm jedes Jahr zur Verfügung steht, wenn der Zins 5% beträgt und das Geld nach 3 Jahren aufgebraucht sein darf!

Wir berechnen mittels des Annuitätenfaktors die Annuität:

$$Annuität\ a = 1.000.000 * \frac{0{,}05 * (1{,}05)^3}{(1{,}05)^3 - 1} = 367.208\ EUR$$

Herr Unverhofft kann demnach 3 Jahre lang jeweils zum Jahresende eine Rente bzw. Annuität in Höhe von 367.208 EUR entnehmen und ausgeben. Die 1 Mio. EUR wären dann nach 3 Jahren aufgebraucht.

Jetzt betrachten wir nochmals kurz die **umgekehrte Fragestellung**: Herr Krösus möchte jedes Jahr 440.650 EUR als Rente über einen Zeitraum von 3 Jahren erhalten wobei der Zinssatz wiederum 5% beträgt. Er möchte wissen, welchen Geldbetrag er dafür benötigt. Wir berechnen den Kapitalwert:

$$Kapitalwert\ K_0 = 440.650 * \frac{(1{,}05)^3 - 1}{0{,}05 * (1{,}05)^3} = 1.200.000\ EUR$$

Herr Krösus müsste demnach 1,2 Mio EUR zu 5% zu Beginn des 1. Jahres anlegen, um 3 Jahre lang jedes Jahr eine Annuität von 440.650 EUR zu erhalten.

10.3.3 Interne Zinsfußmethode

Auch die **interne Zinsfußmethode** stellt lediglich eine Variante der Kapitalwertmethode dar (Schierenbeck und Wöhle, 2016). Formal unterscheidet sie sich dadurch, dass hier der Zinssatz berechnet wird, bei dem gerade ein **Kapitalwert von 0** erzielt wird, d. h. das eingesetzte Kapital verzinst sich genau mit dem berechneten internen Zinsfuß oder anders ausgedrückt:

- eine Investition mit einem **positiven Kapitalwert** verzinst sich zu einem Zinssatz, der über dem Kalkulationszinsfuß liegt,
- eine Investition mit einem **negativen Kapitalwert** verzinst sich zu einem Zinssatz, der unter dem Kalkulationszinsfuß liegt (Opresnik und Rennhak, 2014; Wöhe et al., 2020).

Ökonomisch entspricht der interne Zinsfuß der Rendite der Investition. Bei kompletter Fremdfinanzierung gibt der interne Zinsfuß die Höhe des Fremdkapitalzinssatzes an, bis zu der der Fremdkapitalgeber die Zinsen anheben könnte, ohne dass das Projekt unrentabel wird. Zur Beurteilung der Vorteilhaftigkeit einer Investition vergleicht man also die interne Verzinsung r mit dem Kapitalzinsfuß i (Opresnik und Rennhak, 2014).

Die **Entscheidungsregel** lautet (Wöhe et al., 2020):

- **r > i** Investition vorteilhaft,
- **r = i** Entscheidungsindifferenz,
- **r < i** Investition unvorteilhaft.

Die Ermittlung des internen Zinsfußes r erfolgt, indem der Kapitalwert gleich Null gesetzt wird (Opresnik und Rennhak, 2014). Graphisch liegt der interne Zinsfuß dort, wo die Kapitalwertfunktion die X-Achse schneidet. Zur Berechnung müssen deshalb 2 Versuchszinssätze gewählt werden, wobei der eine den Kapitalwert positiv und der anderen ihn negativ werden lässt. Der interne Zins lässt sich dann durch näherungsweise mit dem **Regula-Falsi-Verfahren** wie folgt berechnen:

$$Interner\ Zinsfuß\ r \cong i_1 - K_{01} * \frac{i_2 - i_1}{K_{02} - K_{01}}$$

i_1 $Versuchszins, der\ zum\ positiven\ Kapitalwert\ K_{01}\ führt$

i_2 $Versuchszins, der\ zum\ negativen\ Kapitalwert\ K_{02}\ führt$

Betrachten wir hierzu erneut ein einfaches **Beispiel**: Frau Meier wird ein Investitionsprojekt mit einer Anschaffungsausgabe von 100.000 EUR angeboten, welches zu einer sicheren Auszahlung in Höhe von 5.000 EUR im 1. Jahr und 105.000 EUR im 2. Jahr führt. Sie möchte nun wissen, welches der interne Zinsfuß des Projektes ist und ob dieser ihrer Mindestrenditeerwartung von 5% entspricht. Wir wählen mit 3% respektive 7% nun 2 Versuchszinssätze und berechnen den jeweiligen Kapitalwert:

$$Kapitalwert\ K_1 = -100.000 + \frac{5.000}{(1{,}03)^1} + \frac{105.000}{(1{,}03)^2} = 3.826\ EUR$$

$$Kapitalwert\ K_2 = -100.000 + \frac{5.000}{(1{,}07)^1} + \frac{105.000}{(1{,}07)^2} = -3.616\ EUR$$

Man kann anhand der Ergebnisse bereits sagen, dass der interne Zins zwischen 3% und 7% liegen muss. Wir setzten zur Berechnung die Werte in die o. g. Interpolationsformel ein:

$$Interner\ Zinsfu\beta r \cong 0{,}03 - 3.826 * \frac{0{,}07 - 0{,}03}{-3.616 - 3.826} \cong 0{,}0505$$

Das Investitionsvorhaben verzinst sich also mit ca. 5% was genau der Mindestrenditeforderung von Frau Meier entspricht.

Die **Vorteile der dynamischen Verfahren** ergeben sich vor allem daraus, dass sie den zeitlichen Ablauf eines Investitionsprojekts berücksichtigen (Opresnik und Rennhak, 2014; Wöhe et al., 2020).

Die Verfahren weisen aber auch die folgenden **Nachteile** auf (Thommen et al., 2020; Wöhe et al., 2020; Opresnik und Rennhak, 2014; Jung, 2016):

- Es wird unterstellt, dass zukünftige Zahlungen relativ zuverlässig geschätzt werden können. In der Praxis sind diesbezügliche Annahmen meist mit Unsicherheiten verbunden (Opresnik und Rennhak, 2014).
- Außerdem besteht ein Zurechnungsproblem von Ein- und Auszahlungen zu den Investitionsobjekten, da in der Praxis häufig zwischen Investitionsobjekten und anderen Faktoren Wechselwirkungen bestehen.
- Es wird angenommen, dass Kapital in beliebiger Höhe zum Kalkulationszinsfuß aufgenommen beziehungsweise angelegt werden kann. Ist diese Prämisse nicht anzutreffen, so wird die Rentabilität einer Investition verzerrt wiedergegeben (Jung, 2016).
- Die Reinvestitionsprämisse setzt voraus, dass die Erträge zum Kalkulationszinssatz bei der Kapitalwertmethode und zum internen Zinsfuß bei der internen Zinsfußmethode reinvestiert werden können. Bei unterschiedlicher Struktur der Rückflüsse oder Nutzungsdauer kommen die Verfahren zu unterschiedlichen Ergebnissen (Jung, 2016; Opresnik und Rennhak, 2014; Wöhe et al., 2020).

11. Finanzierung: Wie sich das Unternehmen notwendiges Kapital beschafft

Im vorangegangenen Kapitel haben Sie gelernt, wie Unternehmen Finanzmittel bestmöglich ausgeben. Die Frage, die sich unmittelbar aufdrängt ist: Wo kommen diese Finanzmittel überhaupt her?

11.1 Finanzierungsmöglichkeiten

Finanzielle Mittel können entweder in Form von **Eigenkapital** oder in Form von **Fremdkapital** beschafft werden (Wöhe et al., 2020).

Die Finanzierungsformen unterscheiden sich in der **Fristigkeit der Überlassung** und den aus der Überlassung abgeleiteten Rechten der Kapitalgeberschaft:

- **Eigenkapitalgeberinnen und -geber** überlassen die finanziellen Mittel dem Unternehmen **unbefristet** gegen Anteile am Unternehmen und erhalten dafür einen **Anspruch auf den Gewinn** sowie in der Regel ein **Mitspracherecht** bei geschäftlichen Entscheidungen (z. B. über die Hauptversammlung oder den Aufsichtsrat).

- **Fremdkapitalgeberinnen und -geber** überlassen die finanziellen Mittel dem Unternehmen nur **zeitlich befristet** und erhalten einen **Anspruch auf die Rückzahlung zuzüglich Zinsen**.

Weiterhin unterscheiden sich die **Finanzierungsformen nach ihrer Fristigkeit** (Wöhe et al., 2020; Jung, 2016; Hopfenbeck, 2002):

- Die **kurzfristige Eigenkapitalfinanzierung** zielt auf die zeitnahe Realisierung von Einzahlungen aus dem Umsatzprozess der Unternehmung. So sorgt ein effizientes **Mahnwesen** dafür, dass Forderungen zügig beglichen werden. Forderungen können alternativ **über Factoring verkauft werden.**

- **Die kurzfristige Fremdkapitalfinanzierung** zielt auf die Ausschöpfung von Kreditlinien, die dem Unternehmen eingeräumt werden. So kann das Unternehmen Zahlungsfristen (so genannte **Skontokredite**) oder Kundenkredite von Zulieferunternehmen in Anspruch nehmen. Alternativ können **Kontokorrent-** oder **Kreditkartenkredite** bei Finanzdienstleistern in Anspruch genommen werden. Die so gesicherten Finanzmittel sind in der Regel jedoch sehr hoch verzinst, so dass sie lediglich zur Abdeckung kurzfristiger Liquiditätsengpässe genutzt werden sollten.

- Die **langfristige Eigenkapitalfinanzierung** kann durch die **Aufnahme (neuer) Eigentümerinnen bzw. Eigentümer erfolgen** (z. B. durch die Ausgabe zusätzlicher Aktien). Neuere Formen der Beteiligungsfinanzierung sind **Private Equity** (außerbörsliches Eigenkapital; Kapitalgeberschaft sind hier in der Regel Privatpersonen oder spezialisierte Kapitalbeteiligungsgesellschaften) und **Venture Capital** (Private Equity im Bereich von Start-ups, denen klassische Finanzierungsformen oft verschlossen sind; da Beteiligungen hier besonders risikobehaftet sind, spricht hier auch oft von Wagnis- oder Risikokapital) (Opresnik und Rennhak, 2014). Alternativ können **erwirtschaftete Gewinne** nicht als Gewinnbeteiligung (z. B. in Form von Dividenden) an die Anteilseignerinnen und Anteilseigner ausgeschüttet, sondern im Unternehmen behalten werden (d. h. **thesauriert**).

- Die **langfristige Fremdkapitalfinanzierung** erfolgt (zumindest in Deutschland) (noch) zu einem großen Teil in Form von **Bankkredite** mit der Laufzeit ab einem Jahr. Die Gründe hierfür liegen v. a. in (bei guter Bonität) relativ niedrigen Zinsen und der steuerlichen Absetzbarkeit derselben. International (und auch im Bereich der deutschen Großunternehmen) wird die Fremdfinanzierung mittels **Anleihen** zunehmend populärer. Anlegerinnen und Anleger leihen einem Unternehmen hierbei über den Kapitalmarkt Finanzmittel und erhalten dafür Zinsen. Als Sicherheit dienen ihnen die Vermögenswerte des Unternehmens. Die Banken werden hierbei als Vermittler zwischen Finanzmittelgeber(innen) und -nehmer(innen) weitgehend ausgeschaltet (man spricht von der so genannten „Disintermediation“), weshalb Anleihenfinanzierung für beiden Seiten tendenziell attraktiver ist als ein Kreditgeschäft. Aufgrund der Transparenzerfordernisse (Handel über den Kapitalmarkt) kommt diese Art der Finanzierung jedoch nur für wenig große und bekannte Unternehmen in Frage. Unternehmen können ihre Ausstattung alternativ durch **Leasing** finanzieren. Dies ist die mittel- bis langfristige Überlassung von Anlagegegenständen (wie Maschinen, IT-Ausstattung oder Fuhrpark) gegen Zahlung eines Nutzungsentgelts (Wöhe et al., 2020).

Während im anglo-amerikanischen Wirtschaftsraum die Finanzierung über die Kapitalmärkte und hier insbesondere die Eigenkapitalfinanzierung dominiert, sind in Deutschland die Kapitalmärkte tendenziell traditionell (bzw. die Stellung der Banken vergleichsweise stark). Entsprechend dominiert bei kleinen und mittelständischen Unternehmen die Finanzierung durch Bankkredite. Allgemein gelten Unternehmen, die mit mehr Eigenkapital als Fremdkapital finanziert sind, als solide, risikoarme Investitionsobjekte. Doch ist Fremdfinanzierung nicht grundsätzlich negativ. In einem attraktiven Zinsumfeld, wie wir es an den Kapitalmärkten seit der Wirtschafts- und Finanzkrise 2009/2010 kennen, können Unternehmen ihre Investitionen günstig fremdfinanzieren. Wenn der Fremdkapitalzins unter der Gesamtkapitalrendite einer Investition liegt, kann durch den erhöhten Einsatz von Fremdkapital die Eigenkapitalrendite der Investition gesteigert werden (so genannter „**Leverage- Effekt**"). Allerdings ist anzuraten, besonders risikoreiche Investitionsprojekte mit Eigenkapital zu finanzieren, da Gewinnausschüttungen (als „Zinsen" an die Eigenkapitalgeber) ausgeschüttet werden, wenn sich tatsächlich Gewinne einstellen, während Fremdkapitalzinsen unabhängig vom Erfolg des Investitionsprojekts gezahlt werden müssen.

11.2 Finanzmanagement

Die Finanzwirtschaft rückt zunehmend in den Fokus der Unternehmen. Dies äußert sich einerseits in der Zusammenführung der finanziellen Gesamtverantwortung in der Position des **Chief Financial Officers** und seiner gestiegenen Relevanz im Rahmen der Unternehmenssteuerung und andererseits in der zunehmenden Bedeutung der Finanzierungsfunktion im Rahmen der sogenannten **Corporate Finance**. Zielsetzung aller Entscheidungen im Rahmen des Corporate Finance ist die Maximierung des Unternehmenswertes (Opresnik und Rennhak, 2014).

Dies kann prinzipiell durch Erhöhung der Kapitalrendite oder durch Senkung der Kapitalkosten geschehen (Opresnik und Rennhak, 2014):

- Im Rahmen von (langfristigen) **Kapitalanlageentscheidungen** ist festzulegen, welche Investitionsprojekte realisiert werden sollen und wie diese Investitionen finanziert werden sollen. Investitionen sind nur dann rentierlich (und erhöhen den Unternehmenswert), wenn sie sich höher verzinsen als die risikoadjustierten Kapitalkosten. Existieren keine adäquaten Investitionsprojekte, sollten die überschüssigen Finanzmittel an die Anteilseigner ausgeschüttet werden, damit diese sie zum Marktzins am Kapitalmarkt investieren können (Wöhe et al., 2020).

- Im Rahmen des (kurzfristigen) **Working Capital Managements** werden Umlaufvermögen und kurzfristige Verbindlichkeiten bzw. deren Relation optimiert. Nebenbedingung ist dabei die jederzeitige Liquidität des Unternehmens. Zugleich soll die Kapitalbindung (z. B. bei den Vorräten an Roh-, Hilfs- und Betriebsstoffen, Vorprodukten und Waren) minimiert werden.

- Die Optimierung der **Kapitalstruktur** (Relation von Eigen- und Fremdkapital) sowie die Nutzung unterschiedlicher Finanzierungsformen beeinflusst die zukünftigen Zahlungsströme, die das Unternehmen leisten muss ebenso wie seine Kapitalkosten. Die optimale Kapitalstruktur wird von einer Vielzahl von Faktoren beeinflusst: das Verhältnis von Eigen- zu Fremdkapital beeinflusst ganz wesentlich die **Risikoposition** des Unternehmens. Überlegungen zur **Steueroptimierung** spielen eine wichtige Rolle. Zudem ist das **Timing** der Finanzierung zu optimieren: Idealerweise sind die Kapitalaufnahmezeitpunkte exakt auf die Fälligkeiten der Investitionsaufwendungen und die entsprechenden Zahlungsmittelüberschüsse aus der Investition auf die Rückzahlungszeitpunkte der Finanzierung abgestimmt.

- Im Zuge der **Ausschüttungspolitik** ist festzulegen, ob verfügbare finanzielle Mittel zur Finanzierung weiterer Investitionsprojekte verwendet oder als Gewinnbeteiligung (z. B. Dividendenzahlung,

Rückkauf eigener Unternehmensanteile) an die Eigenkapitalgebenden ausgeschüttet werden sollen. Idealerweise sollte eine Ausschüttung immer dann erfolgen, wenn mit den bestehenden Investitionsmöglichkeiten keine Rendite erzielt werden kann, die risikoadjustiert über dem Marktzins liegt (Wöhe et al., 2020).

- Im Rahmen des **Finanzrisikomanagements** werden finanzielle Risiken (z. B. Kursschwankungen von Finanztiteln, Zinsänderungen, Währungsschwankungen) identifiziert, begrenzt und ggfs. abgewälzt. Dafür werden so genannte Hedging-Strategien angewandt, die die Risiken im Falle ihres Eintretens kompensieren. Dabei kommen oft **Finanzderivate** (abgeleitete Finanzierungstitel, die ihren Wert aus dem Wert des zugrundeliegenden Finanztitels beziehen, z. B. Optionen) zum Einsatz (Opresnik und Rennhak, 2014).

11.3 Liquiditätsmanagement

Das **Liquiditätsmanagement** (oder Cash Management) befasst sich mit der **Optimierung des Umlaufvermögens** der Unternehmung. Es hat einerseits die Aufgabe, die Verfügbarkeit von Barmittel, Bankguthaben auf Girokonten oder kurzfristig in Barmittel transformierbare Vermögensgegenstände wie Wertpapiere, Forderungen oder Lagerbestände an Vorprodukten, unfertigen und fertigen Erzeugnisse zur Deckung der kurzfristig fälligen Verbindlichkeiten zu sichern (Vermeidung einer **Unterliquidität**). Während Barmittel und Bankguthaben auf Girokonten unmittelbar zur Begleichung von Verbindlichkeiten eingesetzt werden können, müssen Wertpapiere, Forderungen oder Lagerbestände zunächst in Geldmittel transformiert (d. h. „liquidiert“) werden, bevor mit ihnen kurzfristige Verbindlichkeiten bezahlt werden können.

Andererseits ist aber eine Überliquidität zu vermeiden, da mit der (übertriebenen) Vorhaltung von liquiden Mitteln keine (oder nur eine sehr geringe) Rendite erzielt werden kann. In Zeiten von Negativzinsen wird hierdurch sogar unmittelbar Vermögen vernichtet.

In der Praxis bedienen sich Unternehmen eines tagesgenauen **Finanzplan**s um jederzeit die Balance zwischen fälligen Verbindlichkeiten einer- und Zahlungseingängen andererseits zu gewährleisten.

11.3.1 Vermeidung von Unterliquidität

Folgende Maßnahmen werden im Rahmen des Liquiditätsmanagements zur Vermeidung von Unterliquidität ergriffen:

- **Management der kurzfristigen Verbindlichkeiten**: Zahlungsziele, die von Zulieferbetrieben eingeräumt werden, werden geschickt ausgenutzt. Günstiger ist in der Regel, seine Verhandlungsmacht gegenüber Zulieferbetrieben einzusetzen, um eine Abrechnung im Monats- oder gar Quartalsrhythmus durchzusetzen.

- **Forderungsmanagement**: Hier ist die Zielsetzung genau spiegelverkehrt – das Ziel des Unternehmens ist es, die möglichst frühzeitige und vollständige Bezahlung von Rechnungen durch die Kundschaft zu erreichen. Hier stehen ggfs. Vertriebsinteressen oder die Verhandlungsmacht auf Seiten der Kundschaft entgegen.

- **Management des Vorratsvermögens**: Nicht nur aus Sicht der Beschaffung und Materialwirtschaft (s. Kapitel 6), sondern auch aus der Perspektive des Liquiditätsmanagements ist das Timing von Bestellungen, Produktion und Lieferungen erfolgskritisch: je später eingekauft werden muss, desto kleiner ist die Zeitspanne zwischen der Rechnungsstellung durch die Zulieferunternehmen und der Rechnungsstellung des Unternehmens an seine Kundschaft. Dabei ist die Lagermenge zu optimieren: das Unternehmen möchte zum einen eine ständige **Lieferfähigkeit** gegenüber seiner Kundschaft gewährleisten möglichst schnell beliefern zu können. Diese kann (Stichwort: **time-based competition**) einen kritischen Wettbewerbsvorteil darstellen. Zum anderen sollte eine unnötige **Kapitalbindung** durch zu hohe Sicherheitsbestände vermieden werden.

11.3.2 Vermeidung von Überliquidität

Folgende **Maßnahmen** werden im Rahmen des **Liquiditätsmanagements** zur **Vermeidung von Überliquidität** ergriffen:

- Geldmittel, die nicht zur Deckung kurzfristiger Verbindlichkeiten benötigt werden, sollen möglichst rentierlich angelegt werden. Das

Liquiditätsmanagement sucht hierzu aktiv nach möglichst attraktiven **Finanzanlagemöglichkeiten** mit korrespondierenden Fristigkeiten

- Alternativ können diese Geldmittel auch zur **Reduktion von Fremdkapitalzinsen** genutzt werden (z. B. durch vorzeitige Tilgung langfristiger Kredite durch Nutzung von Sondertilgungen).

11.4 Management des Cashflows

Eng verknüpft mit dem Liquiditätsmanagement ist das **Cashflow-Management**.

Der Cashflow (zu Deutsch: Nettokassenfluss) misst den aus der Geschäftstätigkeit eines Unternehmens im Betrachtungszeitraum erzielten Nettozufluss (die Abflüsse an liquiden Mitteln werden bei der Ermittlung abgezogen) an liquiden Mitteln (Opresnik und Rennhak, 2014).

Somit ist der Cashflow eigentlich eine Liquiditätskennzahl.

11.4.1 Relevanz des Cashflows

In der Praxis kommt dem Cashflow jedoch eine deutlich breitere **Bedeutung** zu (Opresnik und Rennhak, 2014):

- Der Cashflow dient zum einen als Maßstab dafür, inwieweit das Unternehmen im Rahmen seiner Geschäftstätigkeit die notwendigen Mittel zur Substanzerhaltung des bilanziellen Vermögens und zusätzlich für die darüber hinaus gehende Investitionstätigkeit selbst erwirtschaften kann. Er ist somit eine wesentliche Messgröße zur Beurteilung der **Selbstfinanzierungskraft** eines Unternehmens. Gerade Start-up-Unternehmen sind z. B. oft (noch) nicht in der Lage, einen positiven Cashflow zu generieren. Man misst deren **finanzielle Stabilität** häufig mit der so genannten Cash Burn Rate, d. h. der Geschwindigkeit, mit der sie ihre finanziellen Reserven aufbrauchen (Opresnik und Rennhak, 2014; Wöhe et al., 2020).

- Der Cashflow dient zudem als Maßstab für den **Unternehmenserfolg**. Im Vergleich zum Jahresüberschuss (Gewinn) ist er um Erträge und Aufwände, die nicht zu Ein- oder Auszahlungen führen wie bspw. Abschreibungen bereinigt. Diese unterliegen teilweise dem Gestaltungsspielraum durch das Management und bieten so die Möglichkeit den Gewinn höher oder niedriger auszuweisen. Diese Eingriffsmöglichkeiten entfallen beim Cashflow, was ihn als Maßstab etwas objektiviert (Opresnik und Rennhak, 2014). Eine alte „Börsenweisheit" lautet deshalb auch: Gewinn ist Ansichtssache, Cashflow Tatsache.

11.4.2 Bestimmung des Cashflows

Dem Cashflow liegen Erträge und Aufwendungen zugrunde, die im Betrachtungszeitraum zahlungswirksam sind, d. h. zu Ein- oder Auszahlungen führen. Er bildet somit die tatsächlich angefallenen Zahlungsströme ab (Opresnik und Rennhak, 2014).

Dies kann grundsätzlich auf zwei Arten geschehen, die – bei Verwendung derselben Ermittlungskriterien – zum gleichen Ergebnis führen (Opresnik und Rennhak, 2014):

- Bei der **direkten Ermittlung** des Cashflows werden alle betriebsnotwendigen und zugleich zahlungswirksamen Aufwendungen (z. B. für Roh-, Hilfs- und Betriebsstoffe, Vorprodukte, Personal, Zinsen) im Betrachtungszeitraum von den zahlungswirksamen Erträgen (z. B. Umsätze, Erträge aus Beteiligungen, Zinsen) abgezogen.

- Bei der **indirekten Ermittlung** des Cashflows wird der bilanzielle Erfolg des Unternehmens im Betrachtungszeitraum (in der Regel der Bilanzgewinn) um nicht auszahlungswirksame Aufwendungen (z. B. Abschreibungen, Zuführungen zu Rückstellungen) und nicht einzahlungswirksame Erträge (z. B. Auflösung von Rückstellungen) bereinigt. Die nicht auszahlungswirksamen Aufwendungen werden dabei zum bilanziellen Erfolg hinzuaddiert, die nicht einzahlungswirksamen Erträge werden vom bilanziellen Erfolg abgezogen.

12. Rechnungswesen und Controlling: Das Unternehmen mit Zahlen steuern und Bericht erstatten

Der Erfolg von Unternehmen hängt zu großen Teilen davon ob, wie gut sie ihre Finanzen managen. Im Abschnitt über „Management von Unternehmen durch Zielvorgaben“ (vgl. 1.2) wurde bereits ausgeführt, dass Kennzahlen zur Steuerung und Kontrolle von Betrieben benötigt werden. Um nun feststellen zu können, wie es um ein Unternehmen im Allgemeinen bestellt ist benötigt man Informationen und Daten hinsichtlich der besagten Kennzahlen. Diese liefert das Rechnungswesen eines Unternehmens.

Diese Informationen und Kennzahlen sind dabei für interne Adressaten wie beispielsweise das Management und die Mitarbeiter relevant als auch für externe Stakeholder wie zum Beispiel investierende und kreditgebende Personen (Opresnik und Rennhak, 2014; Wöhe et al., 2020).

Aus der Aufteilung der Adressaten der Unternehmensinformationen in die interne bzw. externe Gruppe erwächst die Aufteilung des Rechnungswesens in das **interne** und **externe** Rechnungswesen (Wöhe et al., 2020).

12.1 Grundlagen des internen Rechnungswesens und der Kostenrechnung

Das interne Rechnungswesen (auch: Betriebsbuchführung) dient der Erhebung und Bereitstellung von Informationen über Kennzahlen, welche benötigt werden, um die betriebliche Leistungserstellung zu managen (Vahs und Schäfer-Kunz, 2015).

Ein zentraler Teilbereich des internen Rechnungswesens ist die **Kosten- und Leistungsrechnung (KLR)**, deren Aufgaben die Erfassung und Zurechnung der Kosten sind, die bei der Leistungserstellung/-verwertung entstehen (Wöhe et al., 2020; Opresnik und Rennhak, 2014).

Die **Teilbereiche der Kostenrechnung** sind (Wöhe et al., 2020):

- **Kostenartenrechnung: Welche Kosten sind in welcher Höhe angefallen?** Die Kosten werden vollständig erfasst und nach verschiedenen Aspekten aufgeschlüsselt (Opresnik und Rennhak, 2014).

- **Kostenstellenrechnung: Wo sind die Kosten angefallen?** Dazu wird analysiert, an welchen Orten bzw. in welchen Bereichen (Kostenstellen, abgekürzt KST) des Unternehmens die Kosten verursacht wurden (Opresnik und Rennhak, 2014; Wöhe et al., 2020).

- **Kostenträgerrechnung: Wofür sind die Kosten angefallen?** Kostenträger (KTR) sind die Einheiten der Leistung (meist Produkte oder Aufträge), die letztlich die Kosten verursachen (Opresnik und Rennhak, 2014; Wöhe et al., 2020).

Der Zusammenhang ist in nachstehender Abbildung ersichtlich.

Abbildung 12.1: Zusammenhang zwischen Kostenarten-, Kostenstellen- und Kostenträgerrechnung

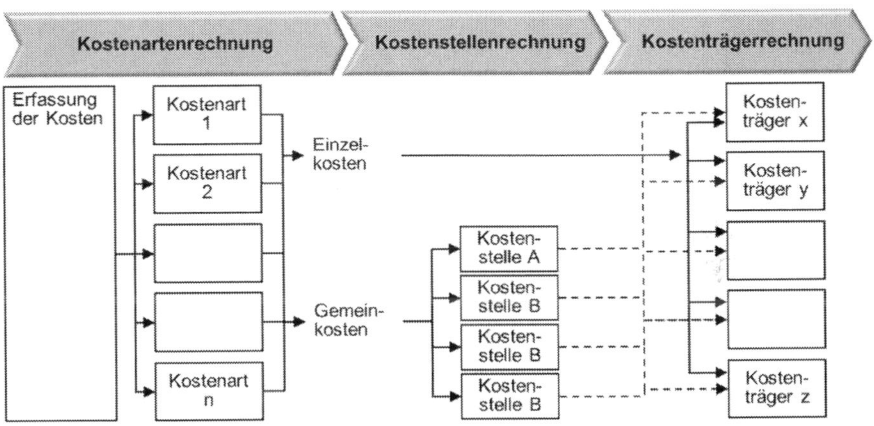

Quelle: in Anlehnung an Opresnik und Rennhak, 2014

12.1.1 Kostenartenrechnung: Welche Kosten hat das Unternehmen?

Die Kostenartenrechnung ist die erste Stufe der Kostenrechnung und hat vor allem die Aufgabe, alle in einer Periode anfallenden Kosten vollständig und systematisch zu erfassen (Opresnik und Rennhak, 2014).

In der nachstehenden Abbildung sind Grundbegriffe des Rechnungswesens dargestellt und in welchen Teilgebieten sie verwenden werden.

Abbildung 12.2: Teilgebiete des Rechnungswesens und ihre Begrifflichkeiten

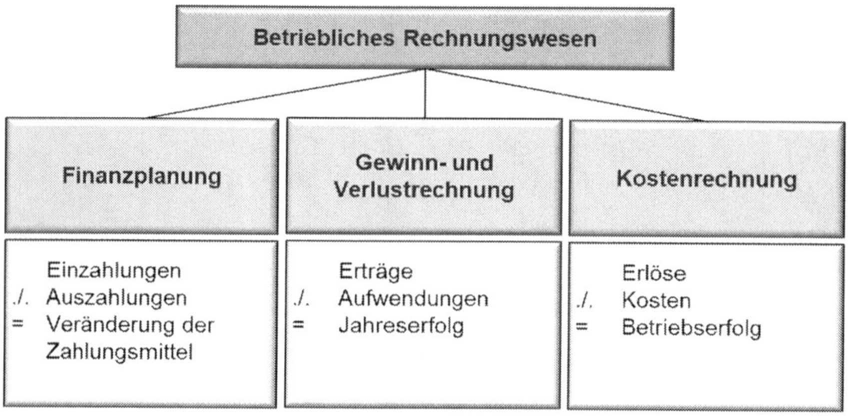

Quelle: in Anlehnung an Opresnik und Rennhak, 2014

Grundsätzlich werden folgende **Begriffe** unterschieden, welche das Unternehmen aus diversen Betrachtungspunkten darstellen (Opresnik und Rennhak, 2014; Wöhe et al., 2020; Vahs und Schäfer-Kunz, 2015):

- **Einzahlungen** und **Auszahlungen** sind **Änderungen des Geldvermögens**, d. h. der Kasse und des Kontostandes. Sie dokumentieren demnach alle Geldbewegungen. Der Geldabfluss, z. B. beim Einkauf von Material, sind die Auszahlungen wohingegen Einzahlungen z. B. Gelder der Kundschaft sind.

- **Einnahmen** und **Ausgaben** sind Änderungen des **Finanzvermögens**. Wird z. B. Material auf Rechnung eingekauft, fließt zwar kein Geld ab, wenn nicht bar bezahlt wird, es ist aber eine Ausgabe zu verzeichnen. Kauft die Kundschaft ein Produkt auf Rechnung, ist zwar keine unmittelbare Einzahlung zu dokumentieren, aber eine Einnahme. Einnahmen und Ausgaben beziehen sich somit auf die

Änderungen im Güterverkehr, welche noch zu keinen Änderungen im Geldmittelbestand geführt haben.

- **Erträge** und **Aufwendungen** sind Kennzahlen des externen Rechnungswesens. Erträge entstehen immer dann, wenn sich der rechtlich relevante Wert des Unternehmens erhöht. Dies geschieht z. B. durch den Verkauf von Produkten und Dienstleistungen. Aufwendungen entstehen bei der Wertminderung, z. B. durch Verbrauch von Vorräten oder Anlagegütern.

- **Erlöse** und **Kosten** berücksichtigen nur die Änderungen des **Wertes** eines Betriebes, welche durch den eigentlichen Unternehmenszweck entstanden sind. Der Verkauf einer Druckmaschine über dem Wert stellt z. B. einen Ertrag, aber keinen Erlös dar, weil die Veräußerung einer solchen Maschine nicht Unternehmenszweck ist.

Neben diesen wichtigen Grundbegriffen und den bereits im Marketingkapitel erläuterten fixen sowie variablen Kosten sind noch die folgenden **Begriffe in der Kostenrechnung** von Bedeutung:

- **Einzelkosten** können einer Kostenstelle direkt zugerechnet werden (z. B. Materialkosten) (Opresnik und Rennhak, 2014).

- **Gemeinkosten** (z. B. Miete) lassen sich einer Kostenträgereinheit nicht direkt zurechnen, da sie durch die Leistungserstellung insgesamt verursacht werden und das Unternehmen in der Regel mehrere Produkte herstellt. Aufgabe der Kostenstellenrechnung ist es, die Gemeinkosten durch Verteilungsschlüssel zuerst auf Kostenstellen und später im Rahmen der Kostenträgerrechnung über Kalkulationssätze auf die einzelnen Kostenträgereinheiten weiterzuverrechnen (Wöhe et al., 2020; Opresnik und Rennhak, 2014).

- **Opportunitätskosten** sind Kosten entgangener Gelegenheit. Sie entstehen, wenn alternativ vorhandene Möglichkeiten zur Nutzung von knappen Ressourcen nicht wahrgenommen werden und dem Unternehmen damit ein möglicher Ertrag entgeht.

- **Abschreibungen (AfA: Absetzung für Abnutzung)** erfassen den jährlichen Wertverlust einer Anlage. Im Falle der sog. **linearen Abschreibungsmethode** werden die in der Kostenrechnung zu berücksichtigenden Abschreibungsbeträge wie folgt berechnet (Wöhe et al., 2020; Opresnik und Rennhak, 2014):

$$\text{AfA} = \frac{\text{Wiederbeschaffungskosten - Liquidationserlös}}{\text{Nutzungsdauerdeckungsbeitrag}}$$

Demgegenüber werden die Beträge bei der **geometrisch degressiven** Methode nach folgender Formel ermittelt (Wöhe et al., 2020; Opresnik und Rennhak, 2014):

$$\text{AfA} = \text{Fortgeführte Wiederbeschaffungsk.} + \text{Abschreibungssatz}$$

12.1.2 Kostenstellenrechnung: Wo sind die Kosten angefallen?

Die Kostenstellenrechnung hat - neben der Beurteilung der Ertragskraft der betrieblichen Wertkettenstufen - die Aufgabe, eine **Umlage der Gemeinkosten** über die Kostenstellen auf die Kostenträger (Produkte) des Unternehmens sicherzustellen (Opresnik und Rennhak, 2014; Wöhe et al., 2020; Hummel und Männel, 1995; Coenenberg et al., 2016).

Die Kostenstellenrechnung gestattet somit eine **Wirtschaftlichkeitskontrolle** der Kostenstellen durch einen Vergleich von geplanten Kosten (**Plankosten**) und tatsächlichen Kosten (**Ist-Kosten**) ((Opresnik und Rennhak, 2014; Wöhe et al., 2020).

Um die Frage: „Wo sind die Kosten angefallen?“ auch beantworten zu können, müssen im Unternehmen entsprechende **Kostenstellen** gebildet werden. Kostenstellen sind abgegrenzte Teilbereiche des Unternehmens, die kostenrechnerisch selbständig abgerechnet werden. Die den Kostenstellen zugerechneten Gemeinkosten werden auf die Kostenstellennutzer (Kostenträger) weiterverrechnet (Wöhe et al., 2020). Die Kostenstellen müssen eindeutig abgrenzbar sein und eine entsprechende Erfassung und Zuordnung der Kosten ermöglichen (Opresnik und Rennhak, 2014; Hummel und Männel, 1995; Coenenberg et al., 2016).

12.1.3 Kostenträgerrechnung: Wofür sind die Kosten angefallen?

Im Zuge der Kostenträgerrechnung werden die Einzel- und Gemeinkosten der Kostenträger verrechnet (Opresnik und Rennhak, 2014).

12.1.4 Deckungsbeitragsrechnung: Was verdient das Unternehmen mit welchen Produkten?

Die **Deckungsbeitragsrechnung** beantwortet die Frage, was ein Unternehmen mit welchen Produkten und Dienstleistungen verdient. In Abschnitt 8.4.2. wurden Begriff und Berechnungsweise bereits dargestellt.

In der Kostenrechnung werden im Rahmen der sogenannten **Teilkostenrechnung** alle Kosten in fixe und variable Bestandteile aufgeteilt und den Kostenträgern nur diejenigen Kosten zugeordnet, die dort auch entsprechend angefallen sind (Opresnik und Rennhak, 2014; Wöhe et al., 2020; .

Grundlegend werden **drei Arten der Teilkostenrechnung** unterschieden (vgl. ausführlich: Opresnik und Rennhak, 2014; Wöhe et al., 2020; Coenenberg et al., 2016; Hummel und Männel, 1995):

- Bei der **einstufigen Deckungsbeitragsrechnung** (auch **Direct Costing**) werden als erstes die Deckungsbeiträge aller Produkte ermittelt und erst dann alle Fixkosten in einer Summe von den Deckungsbeiträgen subtrahiert (Opresnik und Rennhak, 2014).

- Im Rahmen der **mehrstufigen Deckungsbeitragsrechnung** werden die Fixkosten – wenn sie sich den Ebenen eindeutig zuordnen lassen - auf verschiedene Verrechnungsebenen aufgeteilt. Typische Verrechnungsebenen können u. a. Produkt-, Bereichs- und Unternehmens-Fixkosten sein (Opresnik und Rennhak, 2014).

- Bei der **Deckungsbeitragsrechnung mit relativen Einzelkosten** werden nur ganz bestimmte Kosten herangezogen. Dabei gibt es keinerlei Schlüsselung, so dass die Gemeinkosten nicht auf die Kostenträger aufgeteilt werden, sondern. Stattdessen werden den Objekten wie z. B. Aufträgen oder individuellen Kundinnen und Kunden nur die direkt zurechenbaren Einzelkosten zugeordnet (Opresnik und Rennhak, 2014).

12.2 Grundlagen des externen Rechnungswesens

Neben dem internen Rechnungswesen dient das **externe Rechnungswesen** (auch **Finanz**- oder **Geschäftsbuchführung**) der Steuerung und hat darüber hinaus eine **Rechenschaftsfunktion** ggü. den externen Stakeholdern (Opresnik und Rennhak, 2014).

Hauptelemente der externen Rechnungslegung sind (Wöhe et al., 2020):

- **Buchführung** (§§ 238 f. HGB): Aufzeichnung aller Geschäftsvorfälle, die das Vermögen beeinflussen (Opresnik und Rennhak, 2014).

- **Inventar** (§§ 240 f. HGB): Detaillierte Aufstellung aller Vermögensgegenstände und Schulden (Opresnik und Rennhak, 2014).

- **Jahresabschluss** (§ 242, 264 HGB): Der Jahresabschluss setzt sich aus einer **Gewinn- und Verlustrechnung (GuV)** sowie der **Bilanz** zusammen, wobei freiberuflich Tätige und nicht gewerbliche Unternehmen nur eine GuV anfertigen müssen. Kapitalgesellschaften müssen auch einen **Anhang** erstellen (Wöhe et al., 2020).

- **Lagebericht** (§ 264 Abs. 1 HGB): Dieser ist lediglich von mittelgroßen bis großen Kapitalgesellschaften zu erstellen.

12.2.1 Die Bilanz mit ihren zwei Seiten eines Unternehmens

Das Wort „**Bilanz**" hat seinen Ursprung im lateinischen Wort „bilancia" und bedeutet „(Balken-)Waage" (vgl. Abbildung 12.3). Der Name ist treffend, da eine Bilanz eine Gegenüberstellung des **Vermögens** (**Aktivseite: Mittelverwendung**), das ein Unternehmen besitzt, und der **Quellen seiner Finanzierung** (**Passivseite: Kapital / Mittelherkunft**) ist (Opresnik und Rennhak, 2014; Wöhe et al., 2020; Coenenberg et al., 2016).

Vermögen eines Unternehmens kann entweder per Eigenkapital (das Geld aus der Tasche des Eigentümers) oder per Fremdkapital (z. B. Bankkredite) oder mit der Mischung der beiden finanziert werden. **Die Bilanz ist somit immer „ausgeglichen", da Vermögen über Eigen- oder Fremdkapital erworben wurde** (Opresnik und Rennhak, 2014; Wöhe et al., 2020).

Abbildung 12.3: Beispiel einer Bilanz

Aktiva (Vermögen: Mittelverwendung)	Bilanz zum 31.12.		Passiva (Kapital: Mittelherkunft)
Anlagevermögen		**Eigenkapital**	300
Sachanlagen	250		
Finanzanlagen	350		
Umlaufvermögen		**Fremdkapital**	
Warenvorräte	100	Verbindlichkeiten gegenüber Kreditinstituten	230
Forderungen	120	Lieferantenverbindlichkeiten	470
Zahlungsmittel	180		
	1.000		1.000

Quelle: in Anlehnung an Wöhe et al., 2020

Eine Bilanz zeigt, wie viel Vermögen das Unternehmen besitzt, wie viel Kapital es schuldet sowie wie viel Eigenkapital (inklusive einbehaltener Gewinne) ihm zur Verfügung steht. Das Vermögen wird in der **Reihenfolge der Liquidität** dargestellt, d. h. ganz oben stehen die Vermögensgegenstände, welche nicht so schnell zu Geld gemacht werden können. Auf der Passivseite erfolgt die Auflistung des Kapitals, und zwar in der Reihenfolge der **Dringlichkeit der Tilgung** (Junge, 2012). Zunächst wird das Eigenkapital ausgewiesen als Kapital, welches dem Unternehmen unbefristet zur Verfügung gestellt wird. Im Anschluss wird das Fremdkapital aufgelistet als das Kapital, welches das Unternehmen zurückzahlen muss (Opresnik und Rennhak, 2014; Wöhe et al., 2020; Hummel und Männel, 1995).

12.2.2 Die Gewinn- und Verlustrechnung

Die Gewinn- und Verlustrechnung (GuV) stellt die Aufwendungen und Erträge gegenüber, die während des ganzen Geschäftsjahrs entstanden sind (Kußmaul, 2016).

Sind die in der GuV ausgewiesenen Erträge höher als die Aufwendungen, hat das Unternehme einen **Jahresüberschuss** erzielt. Im umgekehrten Fall entsteht ein **Jahresfehlbetrag**.

Es können **zwei unterschiedliche Verfahren** angewandt werden (Opresnik und Rennhak, 2014; Wöhe et al., 2020; Coenenberg et al., 2016; Hummel und Männel, 1995):

- Beim **Umsatzkostenverfahren** werden nur die Kosten der verkauften Waren und Dienstleistungen vom Umsatz abgezogen (Sturm, 2006).

- Bei der **Gesamtkostenmethode** werden alle Kosten von den Erlösen abgezogen. Dabei werden alle erbrachten Leistungen als Erträge erfasst, auch wenn sie noch nicht zu einem Umsatz geführt haben (Wöhe et al., 2020).

Beide Rechnungen sind zwar verschieden aufgebaut, führen aber letztlich zum gleichen Jahresergebnis.

12.3 Controlling: Mehr als nur Kontrolle

Controlling ist eine gemeinsame Aufgabe der Unternehmensleitung und des internen Rechnungswesens.

Controlling umfasst die Koordinierung der Führungsbereiche Planung, Kontrolle, Organisation, Personalführung und Information zur Realisierung der unternehmerischen Ziele (Wöhe et al., 2020).

Zur Erfüllung der Steuerungsaufgabe verfügt das interne Rechnungswesen über eine ganze Reihe von **Steuerungsinstrumenten und Verfahren**:

- Kennzahlensysteme
- Kosten- und Leistungsrechnung (s. o.)
- Budgetierung
- u.v.a.

Literatur

Becker, J. (2018) Marketing-Konzeption: Grundlagen des ziel-strategischen und operativen Marketing-Managements, 11- Aufl., Vahlen, München

Bundeskartellamt (2021) Wettbewerbsaufsicht in Deutschland, https://www.bundeskartellamt.de/SharedDocs/Publikation/DE/Unterrichtsmaterial_Lehrmappe/Arbeitsblaetter/BKartA_Arbeitsblatt_Fusionskontrolle.pdf?__blob=publicationFile&v=3, zugegriffen am 1.7.2021

Camphausen, B. (2014): Grundlagen der Betriebswirtschaftslehre: Bachelor Kompaktwissen, 3. Aufl., De Gruyter Oldenbourg, Berlin

CIRP (2020) Wörterbuch der Fertigungstechnik, Springer, Wiesbaden

Coenenberg, A. G., Fischer, T. M. und Günther, T. (2016): Kostenrechnung und Kostenanalyse, 9. Aufl., Schäffer-Poeschel, Stuttgart

Corsten, H. (1996) Produktionswirtschaft, 6. Aufl., Oldenbourg, München

Ehrenberg, A. S. C. (1992) Comments on how advertisement works, Marketing and Research Today, August, pp. 167-169

Ellis-Chadwick, F. und Jobber, D. (2019) Principles and Practice of Marketing, 9th ed., McGraw-Hill Education, Berkshire

Fraunhofer-Gesellschaft zur Förderung der angewandten Forschung e.V. (2018) Maschinelles Lernen – Eine Analyse zu Kompetenzen, Forschung und Anwendung, München

Gronau, N. (2021) ERP-Systeme, De Gruyter Oldenbourg, Berlin

Hansmann, K.-W. (1974) Entscheidungsmodelle zur Standortplanung der Industrieunternehmen, Springer, Wiesbaden

Hollensen, S., Kotler, P. und Opresnik, M. O. (2020) Social Media Marketing. Ein praxisorientierter Leitfaden für erfolgreiches Online-Marketing, 4. Aufl., Opresnik Management Consulting, Lübeck

Hollensen, S., und Opresnik, M. O. (2020) Marketing. Grundlagen und Praxis. Eine managementorientierte Einführung, 4. Aufl., Opresnik Management Consulting, Lübeck

Hollensen, S., und Opresnik, M. O. (2021) Marketing in 100 Minuten. Im Sprint mit Spaß zum Wesentlichen für alle, Opresnik Management Consulting, Lübeck

Hopfenbeck, W. (2002) Allgemeine Betriebswirtschafts- und Managementlehre, 14. Aufl., Mi-Verlag, Landsberg/Lech

Hummel, S. und Männel, W. (1995) Kostenrechnung, Band 1, 4. Aufl., Gabler, Wiesbaden

Hutzschenreuter, T. (2015) Allgemeine Betriebswirtschaftslehre: Grundlagen mit zahlreichen Praxisbeispielen, Springer Gabler, Wiesbaden

Jones, J. P. (1991) Over-promise and under-delivery, Marketing and Research Today, November, pp. 195-203

Jung, H. (2016) Allgemeine Betriebswirtschaftslehre, 13. Aufl., De Gruyter Oldenbourg, Berlin

Junge, P (2012) BWL für Ingenieure, 2. Aktualisierte und erweiterte Auflage, Springer, Wiesbaden

Kotler, P., Armstrong, G. und Opresnik, M. O. (2016) Marketing: An Introduction, 13. Aufl., Pearson, New Jersey

Kußmaul, H. (2016) Betriebswirtschaftslehre: Eine Einführung für Einsteiger und Existenzgründer, 8. Aufl., De Gruyter Oldenbourg, Berlin

Lehner C. und Weihe S. (2019) Zwischen Achtsamkeit und Pragmatismus: Souverän agieren in herausfordernden Situationen, Springer, Berlin

Levitt, T. (1986) The Marketing Imagination, Free Press, New York

Lück W. (2015) Lexikon der Betriebswirtschaft, 6. Auflage, De Gruyter Oldenbourg, Berlin

Nickels, W. & McHugh, J. (2015) Understanding business, McGraw-Hill Education, New York

Opresnik, M. O. (2021) Projektmanagement: Systematisch zum Erfolg: Ein praxisnaher Ratgeber mit zahlreichen Tools, Checklisten und Vorlagen, 3. Aufl., Opresnik Management Consulting, Lübeck

Opresnik, M. O. und Rennhak, C. (2014) Allgemeine Betriebswirtschaftslehre: Grundlagen unternehmerischer Funktionen, 2. Aufl., Springer, Wiesbaden

Rüegg-Stürm, J. (2002) Das neue St. Galler Management-Modell, 2. Aufl., Haupt Verlag, Bern

Schroer, K. (2021) Aufbau des Unternehmens, in: BWL-Lexikon.de, https://www.bwl-lexikon.de/wiki/unternehmen-betrieb/, zugegriffen am 1.7.2021

Straub, T. (2020) Einführung in die allgemeine Betriebswirtschaftslehre, 3. Aufl., Pearson, Hallbergmoos

Schierenbeck, H. und Wöhle, C. (2016) Grundzüge der Betriebswirtschaftslehre, 19. Aufl., De Gruyter Oldenbourg, Berlin

Schneck, O. (2005) Betriebswirtschaft konkret: Alles, was Sie wissen müssen, Wiley-VCH, Weinheim

Schneck, O. (2018) Lexikon der Betriebswirtschaft: 3.300 grundlegende und aktuelle Begriffe für Studium und Beruf, 10. Aufl., Beck, München

Sims, J., Anderson, P., Black, A. und Stanley-Smith, J. (2016) BWL Kompakt: der visuelle Crashkurs. Dorling Kindersley Verlag, München

Steiner, M. (1993) Konstituierende Entscheidungen, in: Bitz, M. et al. (1993): Vahlens Kompendium der Betriebswirtschaftslehre, Bd. 1, 3. Aufl., Vahlen, München, S. 115-169

Sturm, R. (2006) Allgemeine Betriebswirtschaftslehre, De Gruyter Oldenbourg, Berlin

Thommen, J. P., Achleitner, A.-K., Gilbert, D. U., Hachmeister, D., Jarchow, S. und Kaiser, G. (2020) Allgemeine Betriebswirtschaftslehre: Umfassende Einführung aus managementorientierter Sicht, 9. Aufl., Springer, Wiesbaden

Vahs, D. und Schäfer-Kunz, J. (2015) Einführung in die Betriebswirtschaftslehre, 7. Aufl., Schäffer-Poeschel, Stuttgart

Wöhe, G., Döring, U. und Brösel, G. (2020) Einführung in die Allgemeine Betriebswirtschaftslehre, 27. Aufl., Vahlen, München

Über die Autoren

Marc Oliver Opresnik (www.opresnik-management-consulting.de) ist Professor für Marketing und Management und Mitglied des Board of Directors am *SGMI Management Institut St. Gallen*, einer führenden internationalen Business School. Er ist außerdem Professor für Betriebswirtschaftslehre an der *Technischen Hochschule Lübeck* sowie Gastprofessor an internationalen Universitäten wie der *Regent's University London* und der *East China University of Science and Technology (ECUST)* in Shanghai. Er verfügt über 10 Jahre Erfahrung in leitenden Management- und Marketingpositionen bei Shell International Petroleum Co. Ltd.

Zusammen mit Kevin Keller und Phil Kotler, dem bekanntesten Marketing-Professor der Welt, zeichnet er als Co-Autor für die deutsche Ausgabe von „Marketing Management", der „Bibel des Marketings", verantwortlich. Neben Gary Armstrong und Phil Kotler ist Prof. Opresnik gleichfalls Co-Autor der globalen Ausgabe von „Marketing: An Introduction", einem der weltweit erfolgreichsten Marketing-Lehrbücher. Außerdem ist Prof. Opresnik Mitherausgeber mehrerer Fachzeitschriften und fungiert als Gutachter für diverse Journals, u. a. „Transnational Marketing", „Journal of World Marketing Summit Group" und „International Journal of New Technologies in Science and Engineering".

Im März 2014 wurde Prof. Opresnik zum „Chief Research Officer" bei Kotler Impact Inc. ernannt, dem international tätigen Unternehmen von Phil Kotler. Darüber hinaus wurde er zum „Chief Executive Officer" des Kotler Business Program ernannt, einer Initiative zur Verbesserung der Marketing-Ausbildung weltweit durch Online- und Offline-Lernen mit Pearson als globalem Bildungspartner.

Prof. Opresnik ist Inhaber des Beratungsunternehmens „*Opresnik Management Consulting*" und arbeitet als Trainer, Keynote-Speaker und Berater (http://bit.ly/Opresnik-Management-Consulting; www.opresnik-management-consulting.de) für zahlreiche Institutionen, Regierungen und internationale Konzerne wie Google, Coca-Cola, McDonald's, Dräger, RWE, SAP, Porsche, Audi, VW, Shell, Unilever, Procter & Gamble, L'Oréal, Bayer, BASF und adidas.

Über 1 Million Menschen haben Prof. Opresnik als TEDx Speaker und Referenten auf Kongressen und Symposien und als Trainer in Seminaren zu Marketing, Vertrieb und Verhandlungsführung im In- und Ausland erlebt und von seinen Impulsen beruflich wie persönlich profitiert.

Mit seiner langjährigen internationalen Erfahrung zählt Marc Opresnik weltweit zu den renommiertesten Experten für Marketing, Strategisches Management und Verhandlungsführung.

Carsten Rennhak (carsten.rennhak@unibw.de) ist Professor für PR und Marketing an der Fakultät Betriebswirtschaft der Universität der Bundeswehr München. Von 2004 bis 2013 lehrte er Marketing an der ESB Reutlingen. Von 2003 bis 2004 war er zudem als Professor für Marketing an der Munich Business School tätig. Er war Visiting Professor u. a. an der Zagreb School of Economics and Management, der SP Jain in Mumbai, der Haaga-Helia Helsinki und der Polytechnical University in St. Petersburg und lehrt zudem u.a. an der TU München, der Frankfurt School of Finance und Management. Seine Lehr- und Forschungsschwerpunkte sind u. a. Unternehmensstrategie, Kommunikationspolitik und Kundenbindung. Er ist Autor von ca. 20 Fachbüchern und 200 weiteren Publikationen zu diesen Themen.

Prof. Rennhak gibt die Buchreihe Reutlinger Schriften zu Marketing und Management heraus.

Von 1997 bis 2003 war er als Unternehmensberater und Projektleiter im Bereich Telekommunikation, Medien und High-Tech bei Booz Allen Hamilton in Düsseldorf, Berlin, Wien und Tel Aviv tätig. Er befasste sich hier schwerpunktmäßig mit Fragestellungen aus den Bereichen Marketing und Strategie in der Telekommunikations-, Medien- und High-Tech-Industrie. Er berät Entscheider in Start-ups wie in etablierten Unternehmen zu Fragen der Unternehmensführung und Governance ebenso wie zu Themen in den Bereichen Marketing und Strategie.

2001 promovierte Rennhak an der Ludwig-Maximilians-Universität München mit einer Arbeit zur Wirkung vergleichender Werbung. Er schloss ein Studium der Volkswirtschaftslehre in Detroit als M.A ab und ist zudem Dipl.-Kfm.

Er ist Vertrauensdozent der Studienstiftung des deutschen Volkes.

Index

P

R

S

T

U

V

W

Z

Printed in Poland
by Amazon Fulfillment
Poland Sp. z o.o., Wrocław

32552220R00070